床性能評価指針

Recommendation
for
Evaluation Index about Safety and Comfort Performance
of The Daily Use Floors

2015 制定

日本建築学会

ご案内

本書の著作権・出版権は(一社)日本建築学会にあります．本書より著書・論文等への引用・転載にあたっては必ず本会の許諾を得てください．

Ⓡ〈学術著作権協会委託出版物〉

本書の無断複写は，著作権法上での例外を除き禁じられています．本書を複写される場合は，(一社)学術著作権協会（03-3475-5618）の許諾を受けてください．

　　　　　　　　　　　　　　　　　　　　　一般社団法人　日本建築学会

序

　本指針は，日本建築学会　材料施工本委員会　内外装工事運営委員会傘下の床工事ワーキンググループ，およびその後継となる床性能評価指針検討小委員会における一連の活動の最終的な成果と位置付けられるものである．

　本指針の制定にあたっては，まず，国内外の規基準，規格類や学術研究成果を対象に，所定の要件を満たす性能評価方法が規定あるいは提案されているものを調査，リストアップする調査を行い，「床の性能試験方法と性能評価方法に関する調査報告書」（2000年3月）を作成した．

　つぎに，リストアップされた性能評価方法を対象に，明確かつ妥当な根拠に基づいているか，社会的にみてどの程度必要性があるか，同様の性能を対象とした他の評価方法と比較してどちらが実用的かなどの検討を詳細に行い，より妥当性，実用性が高い性能評価方法を抽出，選定した．また，抽出，選定した性能評価方法の概要をわかりやすく整理した「床の性能評価方法概要集」（2004年4月）を作成するとともに，シンポジウムを開催した．

　続いて，この概要集で評価方法が抽出，選定された性能を対象に，建築物使用者の日常の安全性や居住性からみた性能の推奨値（案）を学術的根拠に基づいて提案した．また，提案した推奨値（案）と性能評価方法を併せて整理した「床の性能評価方法の概要と性能の推奨値（案）」（2008年6月）を作成し，シンポジウムを開催するとともに，日本建築学会ホームページで公開した．ただし，提案した推奨値（案）はあくまでも案であり，今後建築物使用者や設計者，製造者などの御意見を広く募り，それらを反映させてより実効性の高い推奨値を設定するためのたたき台と位置付けられるものであった．

　その後，上述の「床の性能評価方法の概要と性能の推奨値（案）」に対して建築物使用者や設計者，製造者などからいただいた御意見を吟味し，必要に応じて修正を加えることにより，妥当な性能評価方法と公平かつ学術的根拠に基づいた性能の推奨値からなる「床性能評価指針」としてまとめる作業を行った．

　本指針は，以上の経緯にしたがってまとめられたものである．そのため，本指針では，結果的に十分な研究成果と評価実績が蓄積されている性能のみを対象とすることとなったが，これは学会の指針としての妥当性と公平性を確保する必要上，現状ではやむを得ないことと認識している．他の性能については今後の研究によるところが大きいが，少なくとも本指針に示された個々の性能評価方法や推奨値については，建築物使用者の要求に合致した床の合理的な開発や設計，さらにはより安全で快適な建築空間を具現するための汎用的かつ定量的なツールとして，多くの立場の関係者に有効に活用していただけるものと自負している．

2015年11月

日本建築学会

本指針作成関係委員（2015年11月）

（五十音順・敬称略）

材料施工委員会

委員長	早川 光敬					
幹　事	橘高 義典	輿石 直幸	橋田 浩	山田 人司		
委　員	（略）					

内外装工事運営委員会

委員長	輿石 直幸			
幹　事	高橋 宏樹	永井 香織		
委　員	井上 照郷	大久保 孝昭	大澤 悟	河辺 伸二
	栗田 紀之	古賀 一八	近藤 照夫	清家 剛
	角田 誠	中山 實	名取 発	眞方山 美穂
	本橋 健司	横山 裕		

床工事ワーキンググループ（2011年）

主　査	横山 裕			
幹　事	添田 智美			
委　員	岡本 肇	小野 英哲	海津 洋	郷 博之
	佐々木 正治	高橋 宏樹	竹本 喜昭	三浦 勇雄
	三上 貴正	山宮 輝夫	湯浅 昇	
	（飯島 守）	（井戸川 純子）	（小笠原 和博）	（鎌谷 弘志）
	（川合 和之）	（北山 大）	（坂井 映二）	（佐藤 弘和）
	（田中 元一）	（土田 恭義）	（中澤 文雄）	（永田 秀由記）
	（永橋 進）	（中山 實）	（松井 勇）	（吉川 一三）
	（渡辺 博司）	（和田 高清）		

床性能評価指針検討小委員会

主　査	横山 裕			
幹　事	添田 智美			
委　員	市川 菜奈絵	岡本 肇	海津 洋	工藤 瑠美
	郷 博之	佐々木 正治	高橋 宏樹	竹本 喜昭
	三上 貴正	山宮 輝夫	湯浅 昇	（三浦 勇雄）

協 力 委 員

　　木 瀬 和 彦　　後 藤 和 昌　　平 山　　勲　　廣 瀬 孝 彦
　　山 口 輝 光

＊（　　　）は元委員

執 筆 担 当

第1章　第1節　　横 山　　裕
　　　　第2節　　横 山　　裕
第2章　第1節　　三 上 貴 正
　　　　第2節　　横 山　　裕
　　　　第3節　　高 橋 宏 樹
　　　　第4節　　三 上 貴 正　　添 田 智 美
　　　　第5節　　高 橋 宏 樹
　　　　第6節　　三 上 貴 正　　添 田 智 美
　　　　第7節　　三 上 貴 正　　添 田 智 美
　　　　第8節　　横 山　　裕
第3章　第1節　　高 橋 宏 樹　　市 川 菜 奈 絵
　　　　第2節　　高 橋 宏 樹　　工 藤 瑠 美　　竹 本 喜 昭
　　　　第3節　　三 上 貴 正　　添 田 智 美
　　　　第4節　　竹 本 喜 昭　　横 山　　裕
　　　　第5節　　工 藤 瑠 美　　高 橋 宏 樹
　　　　第6節　　工 藤 瑠 美　　高 橋 宏 樹
　　　　第7節　　工 藤 瑠 美　　高 橋 宏 樹

床性能評価指針

目　　次

第1章　総　　説

1節　目的・意義 …………………………………………………………………………… 1

2節　対象とする性能 ……………………………………………………………………… 4

第2章　かたさ，不振動性

1節　共通事項 ……………………………………………………………………………… 6

2節　日常的な動作時の床のかたさ ……………………………………………………… 8

 2.2.1　目的・意義 ……………………………………………………………………… 8

 2.2.2　適用範囲 ………………………………………………………………………… 8

 2.2.3　評価の観点 ……………………………………………………………………… 8

 2.2.4　性能評価方法 …………………………………………………………………… 8

 2.2.5　性能の推奨値 …………………………………………………………………… 11

3節　体育館および剣道場の床の弾力性 ………………………………………………… 15

 2.3.1　目的・意義 ……………………………………………………………………… 15

 2.3.2　適用範囲 ………………………………………………………………………… 15

 2.3.3　評価の観点 ……………………………………………………………………… 15

 2.3.4　性能評価方法 …………………………………………………………………… 16

 2.3.5　性能の推奨値 …………………………………………………………………… 20

4節　柔道場の床の緩衝性 ………………………………………………………………… 22

 2.4.1　目的・意義 ……………………………………………………………………… 22

 2.4.2　適用範囲 ………………………………………………………………………… 22

 2.4.3　評価の観点 ……………………………………………………………………… 22

 2.4.4　性能評価方法 …………………………………………………………………… 23

 2.4.5　性能の推奨値 …………………………………………………………………… 25

5節　エアロビックダンスフロアのかたさ ……………………………………………… 27

 2.5.1　目的・意義 ……………………………………………………………………… 27

 2.5.2　適用範囲 ………………………………………………………………………… 27

	2.5.3	評価の観点	27
	2.5.4	性能評価方法	28
	2.5.5	性能の推奨値	30

6節　屋外スポーツサーフェイスのかたさ ………………………………………… 33
　　2.6.1　目的・意義 ……………………………………………………………… 33
　　2.6.2　適用範囲 ………………………………………………………………… 33
　　2.6.3　評価の観点 ……………………………………………………………… 33
　　2.6.4　性能評価方法 …………………………………………………………… 34
　　2.6.5　性能の推奨値 …………………………………………………………… 37

7節　転倒衝突時の床のかたさ …………………………………………………… 40
　　2.7.1　目的・意義 ……………………………………………………………… 40
　　2.7.2　適用範囲 ………………………………………………………………… 40
　　2.7.3　評価の観点 ……………………………………………………………… 40
　　2.7.4　性能評価方法 …………………………………………………………… 41
　　2.7.5　性能の推奨値 …………………………………………………………… 42

8節　不振動性 ……………………………………………………………………… 43
　　2.8.1　目的・意義 ……………………………………………………………… 43
　　2.8.2　適用範囲 ………………………………………………………………… 43
　　2.8.3　評価の観点 ……………………………………………………………… 44
　　2.8.4　性能評価方法 …………………………………………………………… 44
　　2.8.5　性能の推奨値 …………………………………………………………… 49

第3章　す　べ　り

1節　共通事項 ……………………………………………………………………… 52
2節　履物着用の場合のすべり …………………………………………………… 54
　　3.2.1　目的・意義 ……………………………………………………………… 54
　　3.2.2　適用範囲 ………………………………………………………………… 54
　　3.2.3　評価の観点 ……………………………………………………………… 54
　　3.2.4　性能評価方法 …………………………………………………………… 55
　　3.2.5　性能の推奨値 …………………………………………………………… 58
3節　素足の場合のすべり ………………………………………………………… 71
　　3.3.1　目的・意義 ……………………………………………………………… 71
　　3.3.2　適用範囲 ………………………………………………………………… 71

	3.3.3 評価の観点 …………………………………………………………… 71
	3.3.4 性能評価方法 …………………………………………………………… 72
	3.3.5 性能の推奨値 …………………………………………………………… 76

4節　階段のすべり ……………………………………………………………………… 80
 3.4.1　目的・意義 ……………………………………………………………… 80
 3.4.2　適用範囲 ………………………………………………………………… 80
 3.4.3　評価の観点 ……………………………………………………………… 80
 3.4.4　性能評価方法 …………………………………………………………… 81
 3.4.5　性能の推奨値 …………………………………………………………… 84

5節　斜路のすべり ……………………………………………………………………… 88
 3.5.1　目的・意義 ……………………………………………………………… 88
 3.5.2　適用範囲 ………………………………………………………………… 88
 3.5.3　評価の観点 ……………………………………………………………… 88
 3.5.4　性能評価方法 …………………………………………………………… 89
 3.5.5　性能の推奨値 …………………………………………………………… 91

6節　自転車のすべり …………………………………………………………………… 96
 3.6.1　目的・意義 ……………………………………………………………… 96
 3.6.2　適用範囲 ………………………………………………………………… 96
 3.6.3　評価の観点 ……………………………………………………………… 96
 3.6.4　性能評価方法 …………………………………………………………… 96
 3.6.5　性能の推奨値 …………………………………………………………… 99

7節　車椅子のすべり ………………………………………………………………… 101
 3.7.1　目的・意義 …………………………………………………………… 101
 3.7.2　適用範囲 ……………………………………………………………… 101
 3.7.3　評価の観点 …………………………………………………………… 101
 3.7.4　性能評価方法 ………………………………………………………… 102
 3.7.5　性能の推奨値 ………………………………………………………… 104

床性能評価指針

木材流通統計

第1章 総　説

1節　目的・意義

> 本指針は，建築物使用者の日常の安全性や居住性の観点から床に要求される性能について，性能ごとに評価方法および推奨値を示し，所定の安全性や居住性の確保に資することを目的とする．

　近年，建築に対する要求の多様化，複雑化や，新たな材料，構法の開発，普及などにともない，従来からの仕様に基づいた各種規定や設計および発注などの枠組みに代わり，性能に基づいた規定や設計および発注などの枠組み導入が進められている．性能に基づいた枠組み導入のメリットは，仕様にとらわれることなくさまざまな材料，構法を自由に取捨選択することにより，要求に合致した建築物を効率よく具現できる点にある．したがって，この枠組みの中心となる性能とは，単なるモノの性質や物性ではなく，建築物使用者にとっての良し悪しとの関係が明確な指標でなければならない．このような観点から，本指針では，性能を，「建築物使用者にとってのモノの良し悪しを定量的に表すもの」とした．

　建築物の性能は，その建築物を構成する部位の性能に大きく左右される．中でも，床は，建築物使用者や機器，物品などが絶えず接触し，それらの荷重を支えていることから，日常の安全性や居住性に最も大きく影響する部位である．**解説表**1.1.1に，床に一般的に要求される性能を一覧にして示す．もちろん，空間の用途や使われ方によっては，表に示した以外の性能が要求される場合もある．表に示すように，特に建築物使用者の日常の安全性や居住性の観点から要求される性能が多岐にわたる点が，床の特徴である．しかし，これらの性能の中には，現在の技術では両立が困難な性能の組合せも少なくない．したがって，性能ごとに要求水準を設定し，それらを満たす床を取捨選択することとなる．そのためには，個々の床の性能を定量的に評価できる性能評価方法が必要となる．本指針では，表に示した性能のうち，建築物使用者の日常の安全性や居住性の観点から要求される性能の一部について，性能評価方法と推奨値を規定した．

　本指針で規定した性能評価方法は，いずれも，建築物使用者にとっての良し悪しと対応する数値である性能値の測定方法と，測定した性能値を照合して評価するための評価指標からなる．この評価指標は，日常の安全性や居住性からみた評価と性能値の関係を定量的に示したものである．すなわち，規定した性能評価方法を適用することにより，個々の床が推奨値を満たすかどうかのみでなく，個々の床の安全性，居住性がどの程度かを把握することができる．

一方，推奨値は，確保するのが望ましい安全性あるいは居住性の水準を許容基準として策定し，この許容基準を評価指標と照合することにより求められる性能値の許容範囲に基づいて設定した．許容基準の策定にあたっては，建築物使用者の一般的な要求水準や，技術的に相反する複数の性能の両立の可能性などを総合的に勘案した．具体的には，以下に示す基本方針にしたがって，許容基準を策定した．

・日常の安全性にかかわる性能に関しては，「安全である」と評価される範囲と「危険である」と評価される範囲の境界にあたる「どちらともいえない」と評価される水準を許容基準とする
・居住性にかかわる性能に関しては，「どちらともいえない」より一水準低い「やや不適である」と評価される水準を許容基準とする

したがって，本指針で規定する推奨値は，あくまでも所定の許容基準を満たす範囲を表すものであり，推奨値を満たしている床であっても絶対に安全ということはないことはもちろん，安全性，居住性の観点から最適であることを表すものでもないことに留意が必要である．

解説表 1.1.1 床に要求される性能

分類	性能	分類	性能
建築物使用者の日常の安全性や居住性からみた性能	日常的な動作時のかたさ	耐久性，耐用性からみた性能	耐静荷重性
	運動動作時の弾力性，緩衝性，かたさ		耐震性
	表面のかたさ		耐衝撃性
	転倒衝突時のかたさ		耐局部変形性
	不振動性		変形回復性
	すべり		耐摩耗性
	表面温度		耐傷性
	断熱性		耐水性
	あらさ		耐熱性
	平坦性		耐火性
	色，光沢，模様，質感		耐候性
	耐汚染性		耐薬品性
	不帯ほこり性		耐はくり・ふくれ性
	不帯静電性		耐膨張・収縮性
	不結露性		耐虫・菌害性
	不帯微生物性	施工性からみた性能	施工のしやすさ
	吸水・吸湿性，防水性		施工の精度
	清掃性		工期
	吸音性	経済性からみた性能	材料費
	発音性		施工費
	遮音性		維持・管理費
	臭気・ガス不発生性	その他	(地球)環境保全
	有毒ガス不発生性		
機器，物品などからみた性能	かたさ		
	不振動性		
	すべり		
	断熱性		
	平坦性		
	耐汚染性		
	不帯ほこり性		
	不発塵性		
	不帯静電性		
	不結露性		
	不帯微生物性		
	吸水・吸湿性，防水性		
	吸音性		
	発音性		
	遮音性		
	臭気・ガス不発生性		
	電磁遮蔽性		
	配線性，配管性		
	空気透過性		

本表作成者：小野英哲(東京工業大学名誉教授，東北工業大学名誉教授・工博)

2節　対象とする性能

> 本指針で対象とする性能を以下に示す．
> a．かたさ，不振動性に関する性能
> ・日常的な動作時の床のかたさ
> ・体育館および剣道場の床の弾力性
> ・柔道場の床の緩衝性
> ・エアロビックダンスフロアのかたさ
> ・屋外スポーツサーフェイスのかたさ
> ・転倒衝突時の床のかたさ
> ・不振動性
> b．すべりに関する性能
> ・履物着用の場合のすべり
> ・素足の場合のすべり
> ・階段のすべり
> ・斜路のすべり
> ・自転車のすべり
> ・車椅子のすべり

性能規定，性能設計，性能発注などの枠組みを導入するためには，以下の3つの要件を満たす性能評価方法が必要である．
・建築物使用者からみた床の良し悪しを，定量的に表示できる
・床の材料，構法のいかんにかかわらず，共通の方法で評価できる
・材料あるいは部材単位ではなく，床として実際に使用に供される状態，すなわちあり姿の床の評価ができる

　このうち，1点目は，本章1節で述べた本指針における性能の定義に対応した基本的な要件である．また，2点目は，異なる材料，構法の床を同一の基準で一律に比較することを可能にするものであり，建築物使用者の取捨選択の自由度確保という性能に基づいた枠組み導入にあたっての基本的条件を整えるうえで必要不可欠な要件である．さらに，3点目は，一般に床の性能とその床を構成する材料あるいは部材の性質，物性との関係は複雑であり，材料あるいは部材の性質，物性から床の性能を推定するのは困難であることから必要となる要件である．

　本指針では，以上の3つの要件を満たす性能評価方法が明確かつ妥当な学術的根拠に基づいて確立されていることに加え，社会的にみてどの程度必要性があるか，性能値の測定方法は実用的か，評価指標に基づいて「どちらともいえない」あるいは「やや不適である」などといった具体的な評価水準に対応した許容基準を設定できるかなども考慮して，対象とする性能を選定した．ただし，すでに日本建築学会などから推奨値などが提示されている性能は，対象から除外した．選定した性能のうち，体育館および剣道場の床の弾力性，柔道場の床の緩衝性，エアロビックダンスフロアのかたさ，屋外スポーツサーフェイスのかたさは，**解説表 1.1.1** の「建築物使用者の日常の安全性や

居住性からみた性能」の欄に示す「運動動作時の弾力性，緩衝性，かたさ」に該当する性能である．一方，履物着用の場合のすべり，素足の場合のすべり，階段のすべり，斜路のすべり，自転車のすべり，車椅子のすべりは，**解説表 1.1.1** の「建築物使用者の日常の安全性や居住性からみた性能」の欄に示す「すべり」に該当する性能である．

　また，本指針では，性能を指す用語については，原則として，根拠となる学術論文で用いられている用語を用いることとした．これは，対象とする性能のニュアンスが，根拠となる学術論文から微妙に変化するのを避けるためである．この結果，日常的な動作時の床のかたさと転倒衝突時の床のかたさなど，同じ用語でも対応する性能値が大きく異なる場合が生じるが，どちらも建築物使用者にとっては「かたさ」であるため，本指針では区別することなく「かたさ」と記すこととした．

　さらに，本指針では，日常的な動作時の床のかたさ，体育館および剣道場の床の弾力性，柔道場の床の緩衝性，エアロビックダンスフロアのかたさ，屋外スポーツサーフェイスのかたさ，転倒衝突時の床のかたさをあわせて，広義の「かたさ」と記すこととした．ここで，体育館および剣道場の床で評価対象とする弾力性は，動作時に感じるかたさと，はね返り具合，振動の続き具合が複合された性能である．また，柔道場の床で評価対象とする緩衝性は，動作時に感じるかたさを構成する要因の1つである．

第2章 かたさ，不振動性

1節　共通事項

> 本章では，床のかたさ，不振動性を評価する方法およびかたさ，不振動性の推奨値を提示する．

　床のかたさ，不振動性は床に要求される重要な性能項目である．床のかたさ，不振動性が適切でない場合には，不快に感じる，活動しにくい，疲れやすいなどの不都合が生じ，場合によっては傷害事故につながるおそれもある．
　床のかたさ，不振動性を評価する際に考慮すべき要因には，以下のものがある．
　　用　途：居室の床，運動を行うスポーツサーフェイス，医療用・高齢者用・幼児用施設の床，など
　　動　作：歩行・方向転換などの日常動作，スポーツなどの激しい動作，など
　　履物等：靴，スリッパ，くつ下，素足（履物を履かない場合），スポーツシューズ，など
　上記のように複数の要因が関与していることから，特に床のかたさに関しては，床の用途や関係要因ごとにかたさの評価方法あるいは評価指標が存在する．以降では，日常的な動作時の床のかたさ，体育館および剣道場の床の弾力性，柔道場の床の緩衝性，エアロビックダンスフロアのかたさ，屋外スポーツサーフェイスのかたさ，転倒衝突時の床のかたさ，不振動性について記す．
　本章で規定する各性能評価方法で用いる測定装置のうち，日常的な動作時のかたさ測定装置，体育館および剣道場の床の弾力性測定装置，柔道場の床の緩衝性測定装置，エアロビックダンスフロアのかたさ測定装置，屋外スポーツサーフェイスのかたさ測定装置は，いずれも所定の質量の重錘を所定の高さからゴムばね上に落下させ，床に荷重を作用させたときの床の変形挙動を測定する形式のものであり，その具備すべき要件は，以下の項目により規定されている．
・重錘の質量
・重錘の落下高さ
・荷重の作用面の大きさ，形状
・剛床上で重錘を落下させた場合の荷重の最大値
・剛床上で重錘を落下させた場合の荷重の立上り時点から最大値に達するまでの荷重の作用時間
　ここで，剛床とは，土間コンクリートのようにほとんど変形しない床を指す．仮に，荷重の最大値および最大値に達するまでの時間が所定の要件を満たさなかった場合は，ゴムばねにより調整す

る．なお，本指針で例示した体育館および剣道場の床の弾力性測定装置，柔道場の床の緩衝性測定装置，エアロビックダンスフロアのかたさ測定装置は，一部の部品は共通であり，重錘，ゴムばね，荷重板などを交換すれば兼用可能である．

2節 日常的な動作時の床のかたさ

2.2.1 目的・意義

> 本節は，床の上で各種の日常的な動作を行う場合のかたさについて，その評価方法および推奨値を示し，所定のかたさの確保に資することを目的とする．

人間は，日常生活において，床の上でさまざまな動作を行う．この時に感じられる床のかたさは，居住性を左右する重要な性能の1つである．本節では，日常的な動作時に感じられるかたさの評価方法と推奨値を提示する．

2.2.2 適用範囲

> 日常的な動作に供する床について，かたさを評価する場合に適用する．対象とする床の材料，構法は，特に限定しない．

本節は，日常的な動作時に，床と接触している身体部位で感じるかたさを評価する場合に適用する．対象とする動作は，歩行，立位，腰下ろし，正座，横臥回転とし，歩行，立位では足裏，腰下ろしでは尻や掌，正座では膝や脛，横臥回転では腰や肩などで感じるかたさを評価する場合に適用する．床のかたさには，表面の仕上げのみでなく，下地の変形特性も影響する．本節では，どのような材料，構法の床にも共通に適用できる評価方法と推奨値を提示する．

2.2.3 評価の観点

> かたさの評価の観点は，居住性とする．

居住性に影響する要因はさまざまであるが，本節では，動作時に感じるかたさの適，不適からみた評価方法と推奨値を提示する．

2.2.4 性能評価方法

2.2.4.1 性能値の測定方法

> 日常的な動作時のかたさ測定装置を用い，評価対象床のかたさの性能値 $\log(U_F/9.8-8D_R \cdot D_R \cdot T_R^{-1})$ を測定・算出する．

床のかたさを評価する際には，適正な評価が可能な測定装置が必要となる．本節では適正な評価が可能なことが証明されている日常的な動作時のかたさ測定装置 [1),2)]を使用する．本装置は，所定の質量の重錘を所定の高さからゴムばね上に落下させ，床に荷重を作用させたときの床の変形挙動を測定する形式のものであり，その具備すべき要件は以下のとおりである．

・重錘の質量：40kg
・重錘の落下高さ：0mm（重錘下端と自然長のゴムばね上端が接する位置から落下）
・荷重の作用面の大きさ，形状：直径70mmの円形
・剛床上での荷重の最大値：706±39N（72±4kgf）
・剛床上での荷重の作用時間：0.15±0.02s

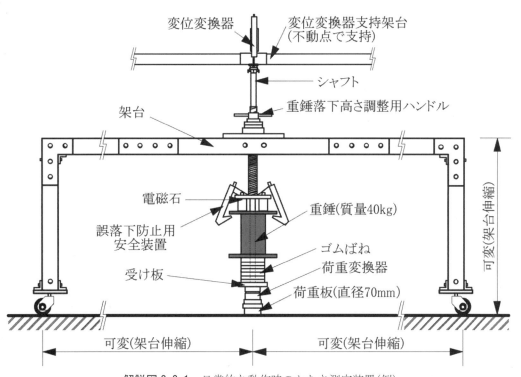

解説図2.2.1　日常的な動作時のかたさ測定装置(例)

解説図2.2.1に，日常的な動作時のかたさ測定装置の概要(例)を示す．本装置は，電磁石により所定の高さに吊られた重錘をゴムばね上に落下させることにより，荷重板が設置してある床に人間が歩行した時と同様の動的荷重を作用させるものである．この時に床に作用する動的荷重および床の動的変形を，荷重変換器およびシャフト頂部に取り付けた変位変換器で測定する．

解説図2.2.2に，本装置で測定される荷重・時間曲線および変形・時間曲線の例を示す．また，これらの曲線より，変形の立上り時点から最大に達する時点までの荷重・変形曲線を求めたのが**解説図2.2.3**である．ここで，各測定値の意味は，以下のとおりである．

D_R(cm)：変形が最大に達した後の床の復元量

T_R(s)：変形が最大に達した後，D_Rまで復元するのに要する時間

U_F(N・cm)：変形が最大に達する時点までの床の変形エネルギー

床のかたさの性能値は，U_Fと，D_RおよびT_Rからなるはね返り具合を示す値$D_R \cdot D_R \cdot T_R^{-1}$を用いた下式で表示できる．

$$\log(U_F / 9.8 - 8 D_R \cdot D_R \cdot T_R^{-1}) \quad \text{式 (2.2.1)}$$

ここで，$\log(U_F / 9.8 - 8 D_R \cdot D_R \cdot T_R^{-1})$は，大きいとやわらかい床，小さいとかたい床であることを意味する．

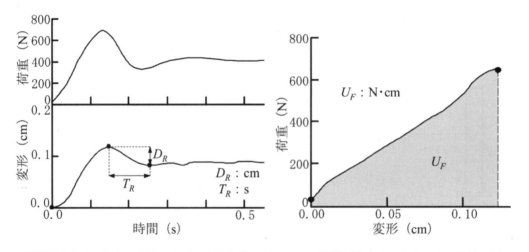

解説図2.2.2　荷重・時間，変形・時間曲線の例　　　解説図2.2.3　荷重・変形曲線の例

2.2.4.2　評価方法

> 評価対象床のかたさの評価は，2.2.4.1で測定したかたさの性能値$\log(U_F / 9.8 - 8 D_R \cdot D_R \cdot T_R^{-1})$を，かたさに対する評価と $\log(U_F / 9.8 - 8 D_R \cdot D_R \cdot T_R^{-1})$との関係を示した評価指標と照合することによって行う．

評価指標とは，官能検査手法を適用して構成したかたさの適，不適に関する心理学的尺度(評価尺度)と，$\log(U_F / 9.8 - 8 D_R \cdot D_R \cdot T_R^{-1})$の関係を示したものである．

評価方法の例を**解説図2.2.4**に示す．図に示す評価段階は，縦軸の評価尺度を構成するための官

能検査で用いた判断範ちゅうの，評価尺度上の位置を示すものである．例えば，ある床を男性が素足で歩行する場合，日常的な動作時のかたさ測定装置で測定し，**式（2.2.1）**で計算された $\log(U_F/9.8-8D_R \cdot D_R \cdot T_R^{-1})$ が 0.8 であるなら，**解説図 2.2.4** より，床のかたさは"⑤やや適している"と評価される．なお，評価指標の詳細は 2.2.5 の**解説図 2.2.5** に示す．

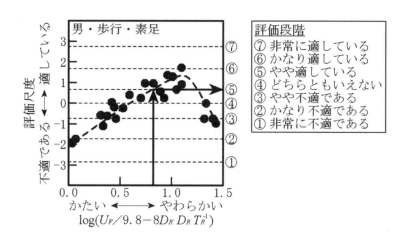

解説図 2.2.4 評価指標の例と評価方法の概要

2.2.5 性能の推奨値

$\log(U_F/9.8-8D_R \cdot D_R \cdot T_R^{-1})$ の推奨値を，**表 2.2.1** に示す．

表 2.2.1 $\log(U_F/9.8-8D_R \cdot D_R \cdot T_R^{-1})$ の推奨値

床の種類	動作の種類	推奨値
日常的な動作時のかたさに対する配慮が望まれる床	歩行，立位など （素足，くつ下などの場合）	0.4 以上 1.3 以下
	歩行，立位など （スリッパ，靴などの場合）	0.2 以上 1.3 以下
	腰下ろし，正座， 横臥回転など	0.6 以上

$\log(U_F/9.8-8D_R \cdot D_R \cdot T_R^{-1})$ の測定位置：実際の使用時に動作が行われる可能性がある範囲内でかたさの観点から代表的と思われるいくつかの位置

解説図 2.2.5 に，かたさの評価指標を示す．図から，歩行，立位の場合，かたさの最適値が存在し，かたすぎてもやわらかすぎても床の評価は低下することがわかる．一方，腰下ろし，正座，横臥回転の場合，やわらかい床ほど評価は高くなることがわかる．

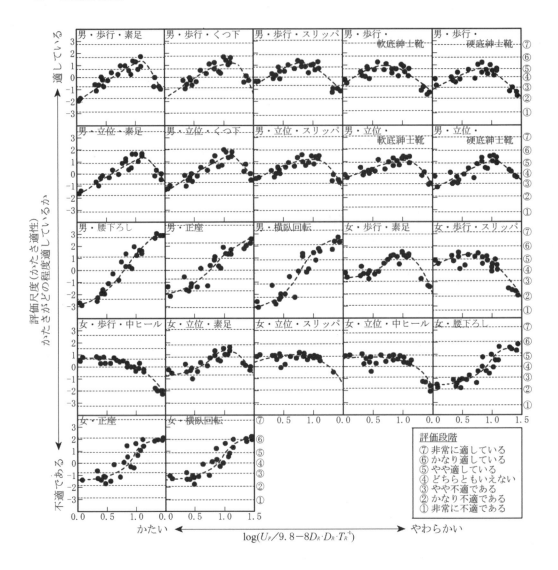

解説図 2.2.5 日常的な動作時のかたさの評価指標[2]

解説図 2.2.6 は，解説図 2.2.5 の各図から，$\log(U_F/9.8-8D_R \cdot D_R \cdot T_R^{-1})$ の最適値（歩行，立位の場合）と，評価段階"③やや不適である"を仮の許容基準とした場合の $\log(U_F/9.8-8D_R \cdot D_R \cdot T_R^{-1})$ の許容範囲（例）を求め，一覧にしたものである．

表 2.2.1 の $\log(U_F/9.8-8D_R \cdot D_R \cdot T_R^{-1})$ の推奨値は，解説図 2.2.6 に示した評価段階"③やや不適である"に対応する許容範囲（例）を基礎資料として策定した．ここで，推奨値を策定する際の許容基準を，安全性の観点から要求される性能項目より低く設定したのは，日常的な動作時のかたさは居住性の観点から要求される性能項目なので，設計の自由度を過度に制限することのないよう配慮したことによるものである．

解説図 2.2.6 日常的な動作時のかたさの最適値および許容範囲(例)[2]

なお，束，大引，根太などで構成される架構式床では，測定位置により $\log(U_F/9.8-8D_R \cdot D_R \cdot T_R^{-1})$ が異なるため，床の構成を考慮しながら代表的ないくつかの測定位置を適宜選定する必要がある．

参考文献

1) 小野英哲, 横山 裕, 大野隆造：居住性からみた床のかたさの評価方法に関する研究 その1 床のかたさに関する心理学的尺度の構成, 日本建築学会構造系論文報告集, 第358号, pp.1-9, 1985.12
2) 小野英哲, 横山 裕：居住性からみた床のかたさの評価方法に関する研究 (その2)床のかたさ測定装置の設計・試作および床のかたさの評価指標, 評価方法の提示, 日本建築学会構造系論文報告集, 第373号, pp.1-8, 1987.3

本節の評価方法が適用されている規格

1) 日本複合・防音床材工業会：防音床材物性試験規格

3節　体育館および剣道場の床の弾力性

2.3.1　目的・意義

> 本節は，体育館および剣道場の床の上で運動する場合について，その評価方法および推奨値を示し，所定の弾力性の確保に資することを目的とする．

　床の弾力性とは，床のかたさ，はね返り具合および振動の続き具合が複合された，総合的な床の性能である[1]〜[5]．

　弾力性が不十分な床では足腰への負担が増したり，怪我の発生などが懸念される．したがって，安全に運動を行うためには適切な弾力性を有する床であることが望ましい．

　本節では，運動時に感じられる床の弾力性の評価方法と推奨値を提示する．

2.3.2　適用範囲

> 体育館および剣道場の床について，弾力性を評価する場合に適用する．対象とする体育館および剣道場の床の材料，構法は，特に限定しない．

　本節は体育館および剣道場の床について，弾力性を評価する場合に適用する．

　体育館ではバドミントン，バレーボール，バスケットボールなどのさまざまな運動種目が行われるが，厳密には，運動種目によって最適な弾力性の数値は異なる．しかしながら，特定種目専用の体育館をつくる事例は多くはないことから，さまざまな種目に供する体育館の床を適用の対象とした．また，剣道は専用の施設すなわち道場で行われる一方，体育館で行われることも多いことから，本節の適用対象とした．

　本節ではどのような材料，構法の床にも適用できる評価方法と推奨値を提示する．

2.3.3　評価の観点

> 弾力性の評価の観点は，安全性とする．

　体育館での運動は激しいものも少なくない．このような状況で怪我などが生じないようにするためには，安全に運動を行える床が必要である．例えば，床がかたいと跳躍（ジャンプ）や踏み出し（ダッシュ）が効率よく行えるので，機敏な動作が可能となりパフォーマンスを高められる．しかし，このようなかたい床は身体への負担が大きく，激しい着地動作などの際に足腰で衝撃を吸収しなければならなくなり，結果として疲労しやすくなったり，怪我をしやすくなるなどのおそれも生

じる．これらは極端な例ではあるが，一部の専門的なトレーニングを重ねた競技選手とレクリエーションとしてスポーツを楽しむ一般的な使用者とでは技術，体力の差も大きく，したがって，高いパフォーマンスを求める床と怪我などが生じにくく安全に運動を行える床とは必ずしも一致しない．本節では，これら２つの観点のうち，対象者がより多い安全性の観点から適切な弾力性の推奨値を提示する．

2.3.4 性能評価方法

2.3.4.1 性能値の測定方法

> はじめに，体育館および剣道場の床の弾力性測定装置を用い，評価対象床の下記の性能値を測定・算出する．
> ・かたさの性能値　$U_F/9.8 - 1.1\,D_R \cdot D_R \cdot T_R^{-1}$
> ・はね返り具合　$D_R \cdot D_R \cdot T_R^{-1}$
> ・振動の続き具合の性能値　T_{VD}
> 次に，かたさの性能値 $U_F/9.8 - 1.1\,D_R \cdot D_R \cdot T_R^{-1}$ とはね返り具合 $D_R \cdot D_R \cdot T_R^{-1}$ を用いて両者を複合した性能値 Y を求める．

床の弾力性を評価する際には，適正な評価が可能な測定装置が必要となる．本節では適正な評価が可能なことが証明されている体育館および剣道場の床の弾力性測定装置[1)～5)]を使用する．本装置は，所定の質量の重錘を所定の高さからゴムばね上に落下させ，床に荷重を作用させたときの床の変形挙動を測定する形式のものであり，その具備すべき要件は以下のとおりである．

・重錘の質量：5kg
・重錘の落下高さ：800mm
・荷重の作用面の大きさ，形状：直径 50mm の円形
・剛床上での荷重の最大値：2107±49N（215±5kgf）
・剛床上での荷重の作用時間：0.03±0.005s
・移動用車輪の間隔：6000mm 以上

解説図 2.3.1 に，弾力性測定装置の概要（例）を示す．本装置は，電磁石により所定の高さに吊られた重錘をゴムばね上に落下させることにより，荷重板が設置してある床に人間が跳躍して着地した際と同様の動的荷重を作用させるものである．この時に床に作用する動的荷重および床の動的変形を，荷重変換器およびガイドパイプ頂部に取り付けた変位変換器で測定する．

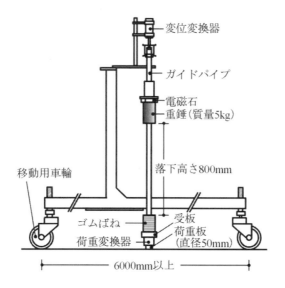

解説図 2.3.1 体育館および剣道場の床の弾力性測定装置（例）

解説図 2.3.2 に，本装置で測定される荷重・時間曲線および変形・時間曲線の例を示す．またこれらの曲線より，変形の立上り時点から最大に達するまでの荷重・変形曲線を求めたのが**解説図 2.3.3** である．ここで，各測定値の意味は以下のとおりである．

D_R（cm）：床振動の最大全振幅

T_R（s）：床振動の最大全振幅時の見かけの半周期

U_F（N・cm）：変形が最大に達する時点までの床の変形エネルギー

T_{VD}（s）：変形の立上り時点から変形の全振幅が 0.02cm まで減衰するのに要する時間

弾力性に影響する要因のうちかたさの性能値は，U_F と，D_R および T_R からなるはね返り具合を表す $D_R \cdot D_R \cdot T_R^{-1}$ を用いた下式で表示できる．

$$U_F / 9.8 - 1.1\, D_R \cdot D_R \cdot T_R^{-1} \quad \cdots\cdots\cdots\cdots\cdots\cdots\cdots\cdots\cdots\cdots\cdots\cdots\cdots\cdots 式\ (2.3.1)$$

ここで，$U_F/9.8 - 1.1\, D_R \cdot D_R \cdot T_R^{-1}$ は，大きいとやわらかい床，小さいとかたい床であることを意味する．

さらに，$U_F/9.8 - 1.1\, D_R \cdot D_R \cdot T_R^{-1}$ と $D_R \cdot D_R \cdot T_R^{-1}$ を用いて，下式によりかたさの性能値とはね返り具合を複合した性能値 Y を求める．

$$Y = -0.0016(U_F/9.8 - 1.1\, D_R \cdot D_R \cdot T_R^{-1} - 17.25)^2 - 0.0028(D_R \cdot D_R \cdot T_R^{-1} - 24.28)^2 + 1.378$$
$$\cdots\cdots\cdots\cdots 式\ (2.3.2)$$

支持脚，大引，根太などの床下地で構成される架構式床では，一般に測定位置により性能値が異なるため，床下地の構成を考慮しながら代表的ないくつかの測定位置を適宜選定する必要がある．ちなみに，本指針と同一の測定方法を採用している JIS A 6519:2013 にしたがって，組床の測定位置を設定すると，**解説図** 2.3.4 に示す A～D の 4 か所となる．

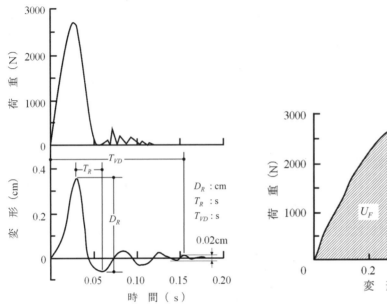

解説図 2.3.2　荷重・時間，変形・時間曲線の例　　　　**解説図** 2.3.3　荷重・変形曲線の例

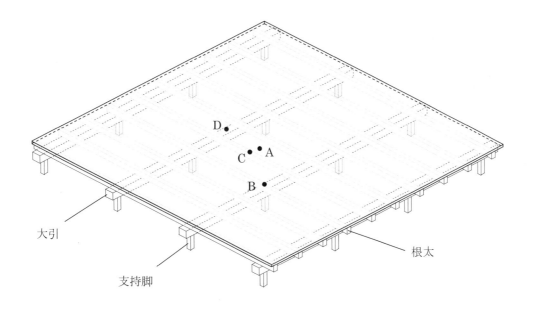

解説図 2.3.4　JIS A 6519 に規定された測定位置

2.3.4.2 評 価 方 法

> 2.3.4.1 で測定した $U_F/9.8-1.1\,D_R\cdot D_R\cdot T_R^{-1}$, T_{VD} および Y を用いて, 評価対象床の弾力性を評価する.

Y は, 式 (2.3.2) からわかるように $U_F/9.8-1.1\,D_R\cdot D_R\cdot T_R^{-1}$ と $D_R\cdot D_R\cdot T_R^{-1}$ の組合せで決定される性能値であり, まとめると以下のようになる.

・かたさの性能値　$U_F/9.8-1.1\,D_R\cdot D_R\cdot T_R^{-1}$ には最適値 (17.25) がある
・はね返り具合　$D_R\cdot D_R\cdot T_R^{-1}$ にも最適値 (24.28) がある
・かたさの性能値とはね返り具合を複合した性能値 Y は大きいほどよく, 上記の 2 つの性能値がともに最適値の時に最大 (1.378) となる

また, 振動は長く続くと次の動作や近くで運動している他者の動作を妨げるので, 長く続かないように配慮する必要がある. したがって, 振動の続き具合の性能値 T_{VD} は, 小さいほどよい.

2.3.5 性能の推奨値

$U_F／9.8-1.1 D_R \cdot D_R \cdot T_R^{-1}$，$T_{VD}$および$Y$の推奨値を表2.3.1に示す．

表2.3.1　$U_F／9.8-1.1 D_R \cdot D_R \cdot T_R^{-1}$，$T_{VD}$および$Y$の推奨値

床の種類	動作の種類	推奨値		
		$U_F／9.8-1.1 D_R \cdot D_R \cdot T_R^{-1}$	T_{VD}	Y
体育館の床	バドミントン，バレーボール，バスケットボールなど	15～40	0.45s以下	最高値が 0.0～1.378，最低値が-0.2～1.378
剣道場の床	剣道		0.60s以下	

　体育館および剣道場の床の弾力性については，JIS A 6519が1985年に制定されている．同JISは鋼製床下地の規格ではあるが，元となっている研究成果[1)~5)]自体は床下地の構成に関わらずあらゆる床に適用できるものである．さらに，同JISに規定されている規格値は，30年近く経過した現在においても問題なく利用されている．したがって，本節においてもJIS A 6519に準じた値を推奨値とすることとした．

　JIS A 6519では，解説図2.3.4にある4か所の測定位置で測定を行った際のそれぞれの数値を以下のように規定している．

・$U_F／9.8-1.1 D_R \cdot D_R \cdot T_R^{-1}$は4か所の全てで15～40
・T_{VD}は，体育館床の場合は4か所の全てで0.45s以下，剣道場床の場合4か所の全てで0.60s以下
・Yは4か所の全てで-0.2以上であり，かつ4か所のうちの少なくとも1か所は0.0以上

参 考 文 献

1) 小野英哲：体育館の床の弾力性に関する研究（その1）－運動競技者が床に与える荷重の解析－，日本建築学会論文報告集，第181号，pp.7-14，1971.3

2) 小野英哲，吉岡　丹：体育館の床の弾力性に関する研究（その2）－体育館の床の弾力性測定装置の設計・試作－，日本建築学会論文報告集，第187号，pp.27-34，1971.9

3) 小野英哲，吉岡　丹：体育館の床の弾力性に関する研究（その3）－体育館の床の使用感調査および弾力性測定実験－，日本建築学会論文報告集，第188号，pp.1-10，1971.10

4) 小野英哲，吉岡　丹：体育館の床の弾力性に関する研究（その4）－弾力性の使用感に関する心理学的尺度の構成－，日本建築学会論文報告集，第226号，pp.9-19，1974.12

5) 小野英哲，吉岡　丹：体育館の床の弾力性に関する研究（その5）－弾力性の使用感に関する心理学的尺度と床の物理量との対応および弾力性の評価式，最適値の提示－，日本建築学会論文報告集，第227号，pp.1-11，1975.1

本節の評価方法が適用されている規格

1) JIS A 6519：2013（体育館用鋼製床下地構成材）

4節　柔道場の床の緩衝性

2.4.1　目的・意義

> 本節は，柔道場の床の上で柔道を行う場合について，その評価方法および推奨値を示し，所定の緩衝性の確保に資することを目的とする．

　柔道場の床の緩衝性とは，柔道競技者と床との間に発生する衝撃をやわらげる性能のことである[1),2)]．緩衝性が不十分な柔道場の床では，競技中に投げられて競技者に衝撃がかかった際に，怪我の発生などが懸念される．したがって，安全に柔道競技を行うためには，適切な緩衝性を有する床であることが望ましい．
　本節では，柔道競技時に感じられる緩衝性の評価方法と推奨値を提示する．

2.4.2　適用範囲

> 柔道場の床について，緩衝性を評価する場合に適用する．対象とする柔道場の床の材料，構法は，特に限定しない．

　本節は，専用の柔道場に限らず，柔道競技に供する床全般について，緩衝性を評価する場合に適用する．
　本節ではどのような材料，構法の床にも共通に適用できる評価方法と推奨値を提示する．

2.4.3　評価の観点

> 緩衝性の評価の観点は，安全性とする．

　柔道場では，競技の特性から，床への柔道競技者の衝突が頻繁に起こる．このような状況で怪我などが生じないようにするためには，安全に柔道競技を行える床が必要である．例えば，床がかたいと，投げられた際の衝撃が大きくなり，怪我をしやすくなる．一方，床がやわらかすぎると柔道競技をしにくくなる．一部の専門的なトレーニングを重ねた熟達した競技者と，学校の授業等で競技をする一般的な競技者とでは，技術，体力の差も大きく，熟達した競技者にとって競技のしやすい床と，一般的な競技者にとって怪我などが生じにくく安全に競技を行える床とは必ずしも一致しない．本節では，安全性の観点から，一般的な競技者に適した床の緩衝性の推奨値を提示する．

2.4.4 性能評価方法

2.4.4.1 性能値の測定方法

> 柔道場の床の緩衝性測定装置を用い,評価対象床における変形が最大に達するまでの変形エネルギーU_Jを測定・算出する.

　床の緩衝性を評価する際には,適正な評価が可能な測定装置が必要となる.本節では適正な評価が可能なことが証明されている柔道場の床の緩衝性測定装置[1),2)]を使用する.本装置は,所定の質量の重錘を所定の高さからゴムばね上に落下させ,床に荷重を作用させたときの床の変形挙動を測定する形式のものであり,その具備すべき要件は以下のとおりである.

・重錘の質量：10.5kg
・重錘の落下高さ：1140mm
・荷重の作用面の大きさ,形状：直径200mmの円形
・剛床上での荷重の最大値：17934±588N（1830±60kgf）
・剛床上での荷重の作用時間：0.015±0.003s
・移動用車輪の間隔：6000mm以上

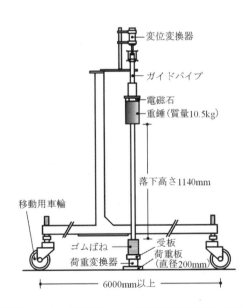

解説図 2.4.1　柔道場の床の緩衝性測定装置（例）

　解説図 2.4.1 に,柔道場の床の緩衝性測定装置の概要（例）を示す.
　本装置は,電磁石により所定の高さに吊られた重錘をゴムばね上に落下させることにより,荷重

板が設置してある床に競技者が投げられて衝突した際と同様の動的荷重を作用させるものである．この時に床に作用する動的荷重および床の動的変形を，荷重変換器およびガイドパイプ頂部に取り付けた変位変換器で測定する．

解説図 2.4.2 に，本装置で測定される荷重・時間曲線および変形・時間曲線の例を示す．また，これらの曲線より，変形の立上り時点から最大に達するまでの荷重・変形曲線を求めたのが**解説図 2.4.3**である．ここで，測定値 U_J は，**解説図 2.4.3** 中に斜線で示した部分の面積であり，その意味は以下のとおりである．

U_J（N・cm）：変形が最大に達する時点までの床の変形エネルギー

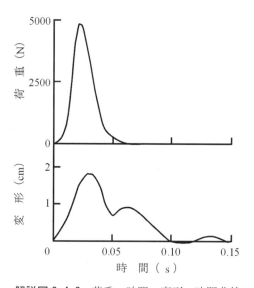

解説図 2.4.2 荷重・時間，変形・時間曲線の例

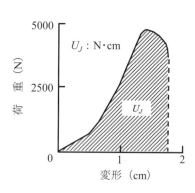

解説図 2.4.3 荷重・変形曲線の例

2.4.4.2 評価方法

2.4.4.1で測定した U_J を用いて，評価対象床の緩衝性を評価する．

柔道場の床の緩衝性値 U_J は，大きいほど緩衝性が大きくやわらかい床であり，小さいほど緩衝性が小さくかたい床である．

2.4.5 性能の推奨値

U_Jの推奨値を**表 2.4.1**に示す.

表 2.4.1 U_Jの推奨値

床の種類	動作の種類	推奨値
柔道場の床	柔道競技	5635N·cm 以上 7350N·cm 以下 （575kgf·cm 以上 750kgf·cm 以下）

緩衝効果の測定位置：実際の使用時に動作が行われる可能性がある範囲内で緩衝効果の観点から代表的と思われるいくつかの位置

日本建築学会としては，2.4.3で示したとおり，安全性の観点から，一般的な競技者を対象とした床の緩衝性の推奨値を設定することが妥当と考えた．本推奨値は，JIS A 6519:2013にも初心者の規格値として規定されており，現在も問題なく利用されている．

なお，熟達者のみが使用する床については，JIS A 6519に下記のとおり緩衝性の規格値が規定されている．

・熟達者の場合　U_Jは　3920N·cm 以上 7350N·cm 以下（400kgf·cm 以上 750kgf·cm 以下）

支持脚，大引，根太などの床下地で構成される架構式床では，一般に測定位置により性能値が異なるため，床下地の構成を考慮しながら代表的ないくつかの測定位置を適宜選定する必要がある．ちなみに，本指針と同一の測定方法を採用しているJIS A 6519にしたがって，組床の測定位置を設定すると，**解説図 2.4.4**に示すAおよびBの2か所となる．

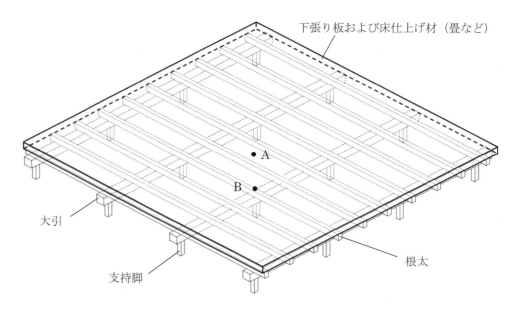

解説図 2.4.4　JIS A 6519 に規定された測定位置

参 考 文 献

1) 小野英哲, 芝崎晴男, 川村清志, 吉岡　丹：柔道場の床の緩衝効果に関する研究（その1），日本建築学会論文報告集，第 293 号，pp.21-28，1980.7
2) 小野英哲, 芝崎晴男, 川村清志, 吉岡　丹：柔道場の床の緩衝効果に関する研究（その2），日本建築学会論文報告集，第 304 号，pp.11-19，1981.6

本節の評価方法が適用されている規格

1) JIS A 6519：2013（体育館用鋼製床下地構成材）

5節　エアロビックダンスフロアのかたさ

2.5.1　目的・意義

> 本節は，床の上でエアロビックダンスをする場合のかたさについて，その評価方法およびかたさの推奨値を示し，所定のかたさの確保に資することを目的とする．

　エアロビックダンスフロアのかたさとは，エアロビックダンススタジオなどにおいて使用者がエアロビックダンスを行う時に身体で感じるかたさである．

　かたさが不適切な場合には足腰への負担が増したり，怪我の発生などが懸念される．したがって，安全に運動を行うためには適切なかたさを有する床であることが望ましい．

　本節では，エアロビックダンス時に感じられるかたさの評価方法と推奨値を提示する．

2.5.2　適用範囲

> エアロビックダンスフロアをかたさの観点から評価する場合に適用する．対象とする床の材料，構法は，特に限定しない．

　本節は専用のエアロビックダンスフロアに限らず，エアロビックダンスに供する床全般について，かたさを評価する場合に適用する．

　本節では，どのような材料，構法の床にも共通に適用できる評価方法と推奨値を提示する．

2.5.3　評価の観点

> かたさの評価の観点は，安全性とする．

　エアロビックダンスは有酸素運動を行うことを目的の1つとしており，長時間運動を続けることが特徴である．したがって，長い時間にわたってダンスを続けることによって身体への負担が増し，ひいては怪我につながることが考えられるので，安全性に対する配慮が必要となる．

2.5.4 性能評価方法

2.5.4.1 性能値の測定方法

> エアロビックダンスフロアのかたさ測定装置を用い，評価対象床のかたさの性能値 $U_F/9.8-1.1\ D_R \cdot D_R \cdot T_R^{-1}$ を測定・算出する．

　エアロビックダンスフロアのかたさを評価する際には，適正な評価が可能な測定装置が必要となる．本節では適正な評価が可能なことが証明されているエアロビックダンスフロアのかたさ測定装置[1]を使用する．本装置は，所定の質量の重錘を所定の高さからゴムばね上に落下させ，床に荷重を作用させたときの床の変形挙動を測定する形式のものであり，その具備すべき要件は，以下のとおりである．

- 重錘の質量：15kg
- 重錘の落下高さ：120mm
- 荷重の作用面の大きさ，形状：直径 70mm の円形
- 剛床上での荷重の最大値：1274±29N（130±3kgf）
- 剛床上での荷重の作用時間：0.05±0.008s
- 移動用車輪の間隔：6000mm 以上

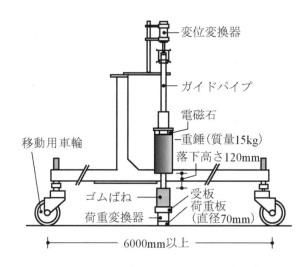

解説図 2.5.1　エアロビックダンスフロアのかたさ測定装置（例）

　解説図 2.5.1 に，エアロビックダンスフロアのかたさ測定装置の概要（例）を示す．本装置は，電磁石により所定の高さに吊られた重錘をゴムばね上に落下させることにより，荷重板が設置して

ある床に使用者のダンス時の着地と同様の動的荷重を作用させるものである．この時に床に作用する動的荷重および床の動的変形を，荷重変換器およびガイドパイプ頂部に取り付けた変位変換器で測定する．

解説図2.5.2に，本装置で測定される荷重・時間曲線および変形・時間曲線の例を示す．またこれらの曲線より，変形の立上り時点から最大に達するまでの荷重・変形曲線を求めたのが**解説図2.5.3**である．ここで，各測定値の意味は以下のとおりである．

D_R（cm）：床振動の最大全振幅

T_R（s）：復元に要する時間

U_F（N・cm）：変形が最大に達する時点までの床の変形エネルギー

エアロビックダンスフロアのかたさの性能値は，U_Fと，D_RおよびT_Rからなるはね返り具合$D_R \cdot D_R \cdot T_R^{-1}$を用いた下式で表示できる．

$$U_F / 9.8 - 1.1\, D_R \cdot D_R \cdot T_R^{-1} \quad \cdots\cdots\cdots\cdots\cdots\cdots\cdots\cdots\cdots\cdots\cdots\cdots\cdots\cdots\cdots 式（2.5.1）$$

ここで，$U_F / 9.8 - 1.1\, D_R \cdot D_R \cdot T_R^{-1}$は，大きいとやわらかい床，小さいとかたい床であることを意味する．

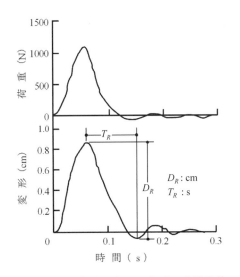

解説図2.5.2　荷重・時間，変形・時間曲線の例

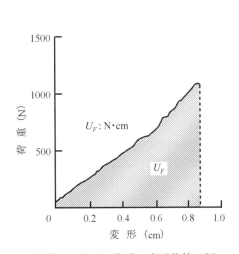

解説図2.5.3　荷重・変形曲線の例

2.5.4.2 評価方法

> 2.5.4.1 で測定したエアロビックダンスフロアのかたさの性能値 $U_F/9.8-1.1\,D_R\cdot D_R\cdot T_R^{-1}$ を，エアロビックダンスフロアのかたさに対する評価と $U_F/9.8-1.1\,D_R\cdot D_R\cdot T_R^{-1}$ の関係を示した評価指標と照合し，評価対象床のかたさを評価する．

　評価指標とは，官能検査手法を適用して構成したかたさの観点からの心理学的尺度（評価尺度）と $U_F/9.8-1.1\,D_R\cdot D_R\cdot T_R^{-1}$ の関係を示したものである．

　評価方法の例を**解説図 2.5.4** に示す．図に示す評価段階は，縦軸の評価尺度を構成するための官能検査で用いた判断範ちゅうの，評価尺度上の位置を示すものである．ある床でエアロビックダンスを行う場合，仮に，エアロビックダンスフロアのかたさ測定装置で測定し，**式（2.5.1）** で計算された $U_F/9.8-1.1\,D_R\cdot D_R\cdot T_R^{-1}$ が 33 であるなら，**解説図 2.5.4** より，床のかたさは"③どちらともいえない"と評価される．なお，評価指標の詳細は 2.5.5 の**解説図 2.5.5** に示す．

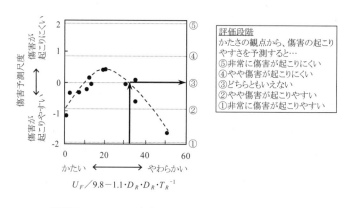

解説図 2.5.4　評価指標の例と評価方法の概要

2.5.5　性能の推奨値

> $U_F/9.8-1.1\,D_R\cdot D_R\cdot T_R^{-1}$ の推奨値を**表 2.5.1** に示す．
>
> **表 2.5.1**　$U_F/9.8-1.1\,D_R\cdot D_R\cdot T_R^{-1}$ の推奨値
>
> | 床の種類 | 動作の種類 | 推奨値 |
> |---|---|---|
> | エアロビックダンスフロア | エアロビックダンス | 10 以上 30 以下 |
>
> $U_F/9.8-1.1\,D_R\cdot D_R\cdot T_R^{-1}$ の測定位置：実際の使用時に動作が行われる可能性がある範囲内でかたさの観点から代表的と思われるいくつかの位置

　解説図 2.5.5 に，エアロビックダンスフロアのかたさの評価指標として，疲労のしやすさおよび

傷害の起こりやすさの観点からの2つの評価指標を示す．図から，評価の観点に関わらずかたさの最適値が存在し，かたすぎてもやわらかすぎても床の評価は低下することがわかる．**表2.5.1**の推奨値はこれらの評価指標を基礎資料として，評価段階"③どちらともいえない"より高い評価段階に対応する $U_F/9.8 - 1.1 D_R \cdot D_R \cdot T_R^{-1}$ の範囲として策定した．

なお，支持脚，大引，根太などの床下地で構成される架構式床では，一般に測定位置により性能値が異なるため，床下地の構成を考慮しながら代表的ないくつかの測定位置を適宜選定する必要がある．

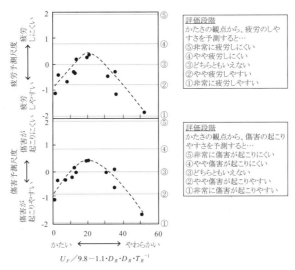

解説図 2.5.5 エアロビックダンスフロアのかたさの評価指標 [1]

【参考資料】
クッション性のない履物を着用した場合の評価指標

かたさの評価は履物の底のクッション性（緩衝作用）の影響を受けることから，評価指標にはクッション性のあるエアロビックダンスシューズの場合（**解説図 2.5.5**）の他にクッション性のない履物の場合の指標が設定されている．**参考図 2.5.6** にクッション性のない履物の場合の評価指標を示す．図より，**解説図 2.5.5**の場合と同様に，評価の観点に関わらず $U_F/9.8 - 1.1 D_R \cdot D_R \cdot T_R^{-1}$ が 20程度の時に評価が最も高くなっていることがわかる．すなわち履物が異なっても，最適な床のかたさの性能値は20程度となっている．一方，疲労のしやすさの観点からの評価については，性能値が20であっても図中の破線は評価段階"③どちらともいえない"を越えていないことがわかる．すなわち，床としては適切であっても，着用する履物によっては疲労しやすい側の評価となることに留意する必要がある．

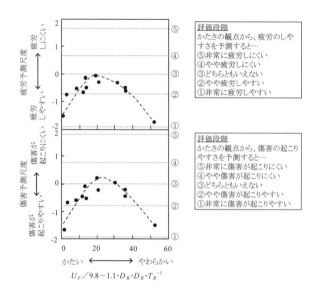

参考図 2.5.6　エアロビックダンスフロアのかたさの評価指標(クッション性のない履物の場合)[1]

参考文献

1) 小野英哲，三上貴正，岩崎淑子，横山　裕：エアロビックダンスフロアのかたさ，すべりの評価方法に関する研究，日本建築学会構造系論文報告集，第385号，pp.1-7，1988.3

6節　屋外スポーツサーフェイスのかたさ

2.6.1　目的・意義

> 本節は，屋外スポーツサーフェイスの上で運動する場合について，その評価方法および推奨値を示し，所定のかたさの確保に資することを目的とする．

　屋外スポーツサーフェイスのかたさとは，ジョギング，テニス，サッカー，ラグビー，野球などの運動競技をする際に感じるサーフェイスのかたさのことである．かたさが不適切なサーフェイスでは，足腰への負担がかかり，疲労や傷害が起こりやすくなることが懸念されるので，適切なかたさを有するサーフェイスであることが望ましい．
　本節では，運動時に感じられるかたさの評価方法と推奨値を提示する．

2.6.2　適用範囲

> 屋外スポーツサーフェイスについて，かたさを評価する場合に適用する．対象とするサーフェイスの材料，構法は，特に限定しない．

　本節は，ジョギング，テニス，サッカー，ラグビー，野球などの競技に供するサーフェイス全般について，かたさを評価する場合に適用する．また，屋根が設けられた施設のサーフェイスにも適用する．本節では，どのような材料，構法のサーフェイスにも共通に適用できる評価方法と推奨値を提示する．

2.6.3　評価の観点

> かたさの評価の観点は，安全性とする．

　屋外スポーツサーフェイスでの運動は，激しいものも少なくない．このような状況で怪我などが生じないようにするためには，安全に運動を行えるサーフェイスが必要である．例えば，サーフェイスがかたすぎると，着地動作などの際の衝撃を足腰で吸収する必要があり，やわらかすぎると，捻挫などをしやすくなる．そのため，身体への負担が大きくなり，疲労や傷害の発生がしやすくなる．したがって，安全性の観点から，適切なかたさを有するサーフェイスとすることが必要である．

2.6.4 性能評価方法

2.6.4.1 性能値の測定方法

> 屋外スポーツサーフェイスのかたさ測定装置を用い,評価対象サーフェイスのかたさの性能値 $U_F/9.8-D_R \cdot D_R \cdot T_R^{-1}$ を測定・算出する.

　屋外スポーツサーフェイスのかたさを評価する際には,適正な評価が可能な測定装置が必要となる.本節では適正な評価が可能なことが証明されている屋外スポーツサーフェイスのかたさ測定装置[1),2)]を使用する.本装置は,所定の質量の重錘を所定の高さからゴムばね上に落下させ,床に荷重を作用させたときの床の変形挙動を測定する形式のものであり,その具備すべき要件は,以下のとおりである.

・重錘の質量：25kg
・荷重変換器下端から荷重受板までの距離：265mm
・荷重の作用面の大きさ,形状：直径100mmの円形で履物底の前半部を切り抜いたもの
・剛床上での荷重の最大値：2107±49N (215±5kgf)
・剛床上での荷重の作用時間：0.08±0.01s

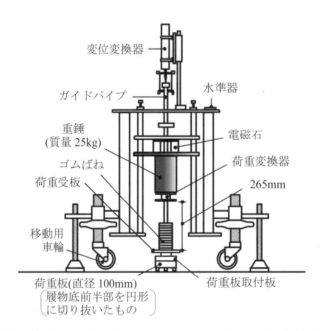

解説図 2.6.1　屋外スポーツサーフェイスのかたさ測定装置(例)

解説図 2.6.1 に，屋外スポーツサーフェイスのかたさ測定装置の概要（例）を示す．

本装置は，電磁石により所定の高さに吊られた重錘をゴムばね上に落下させることにより，人間が駆け足をしたときと同程度の動的荷重をサーフェイスに作用させるものである．この際の動的荷重およびサーフェイスの動的変形を，荷重変換器およびガイドパイプ頂部に取り付けた変位変換器で測定できるようになっている．屋外で行うスポーツにはスパイクを履いて行う種目もあり，かたさの評価は使用する履物の影響を受ける．したがって，評価を行う際には履物も適宜選択する必要がある．

解説図 2.6.2 に，本装置によって得られた荷重・時間曲線，変形・時間曲線の例を示す．また，これらの曲線より，変形の立上り時点から最大に達する時点までの荷重・変形曲線を求めたのが**解説図 2.6.3** である．ここで，各測定値の意味は，以下のとおりである．

D_Z（cm）：変形が最大に達してから荷重が 0 に戻るまでの復元量

T_Z（s）：変形が最大に達した後，荷重が 0 まで復元するのに要する時間

U_F（N·cm）：変形が最大に達する時点までのサーフェイスの変形エネルギー

サーフェイスのかたさの性能値は，U_F と D_Z および T_Z からなるはね返り具合を示す値 $D_Z \cdot D_Z \cdot T_Z^{-1}$ を用いた下式で表示できる．

$$U_F / 9.8 - D_Z \cdot D_Z \cdot T_Z^{-1} \quad \text{式 (2.6.1)}$$

ここで，$U_F / 9.8 - D_Z \cdot D_Z \cdot T_Z^{-1}$ は，大きいとやわらかいサーフェイス，小さいとかたいサーフェイスであることを意味する．

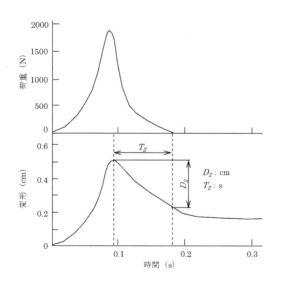

解説図 2.6.2 荷重・時間，変形・時間曲線の例

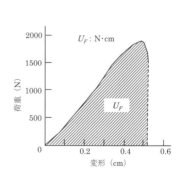

解説図 2.6.3 荷重・変形曲線の例

2.6.4.2 評価方法

> 2.6.4.1で測定した屋外スポーツサーフェイスのかたさの性能値 $U_F/9.8-D_Z \cdot D_Z \cdot T_Z^{-1}$ を，屋外スポーツサーフェイスのかたさに対する評価と $U_F/9.8-D_Z \cdot D_Z \cdot T_Z^{-1}$ の関係を示した評価指標と照合し，評価対象サーフェイスのかたさを評価する．

　評価指標とは，官能検査手法を適用して構成したかたさの観点からの疲労のしやすさ，傷害の起こりやすさに関する心理学的尺度（評価尺度）と，$U_F/9.8-D_Z \cdot D_Z \cdot T_Z^{-1}$ の関係を示したものである．

　評価方法の例を**解説図 2.6.4** に示す．図に示す評価段階は，縦軸の評価尺度を構成するための官能検査で用いた判断範ちゅうの，評価尺度上の位置を示すものである．あるサーフェイスを**解説図 2.6.1** に示す装置で測定し，**式（2.6.1）**で計算された性能値 $U_F/9.8-D_Z \cdot D_Z \cdot T_Z^{-1}$ が 110 であるなら，**解説図 2.6.4** より，サーフェイスのかたさは，"④どちらともいえない" と評価される．なお，評価指標の詳細は，2.6.5の**解説図 2.6.5** に示す．

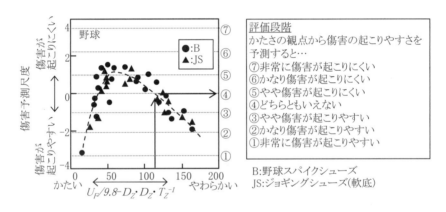

解説図 2.6.4 評価方法の例と評価方法の概要

2.6.5 性能の推奨値

$U_F/9.8-D_Z \cdot D_Z \cdot T_Z^{-1}$ の推奨値を**表2.6.1**に示す.

表2.6.1 $U_F/9.8-D_Z \cdot D_Z \cdot T_Z^{-1}$ の推奨値

床の種類	動作の種類	推奨値
屋外スポーツサーフェイス	ジョギング	25以上75以下
	テニス	30以上80以下
	サッカー	35以上90以下
	ラグビー	35以上90以下
	野球	40以上95以下

$U_F/9.8-D_Z \cdot D_Z \cdot T_Z^{-1}$ の測定位置:実際の使用時に動作が行われる可能性がある範囲内でかたさの観点から代表的と思われる位置

$U_F/9.8-D_Z \cdot D_Z \cdot T_Z^{-1}$ の測定時に使用する履物底:実際に使用される可能性がある範囲内で代表的と思われる履物底

　解説図2.6.5に,屋外スポーツサーフェイスのかたさの評価指標として,疲労のしやすさおよび傷害の起こりやすさの観点からの評価指標を示す.図より,いずれの運動競技および評価の観点においてもかたさの最適値が存在し,かたすぎてもやわらかすぎてもサーフェイスの評価が低下することがわかる.

　解説図2.6.6は,**解説図2.6.5**において $U_F/9.8-D_Z \cdot D_Z \cdot T_Z^{-1}$ の最適値および評価段階"④どちらともいえない"を仮の許容基準とした場合の $U_F/9.8-D_Z \cdot D_Z \cdot T_Z^{-1}$ の許容範囲(例)を求め,一覧にしたものである.

　表2.6.1の推奨値は,**解説図2.6.6**の評価指標を基礎資料として,評価段階"④どちらともいえない"より高い評価段階となる範囲として策定したものである.

―38― 床性能評価指針

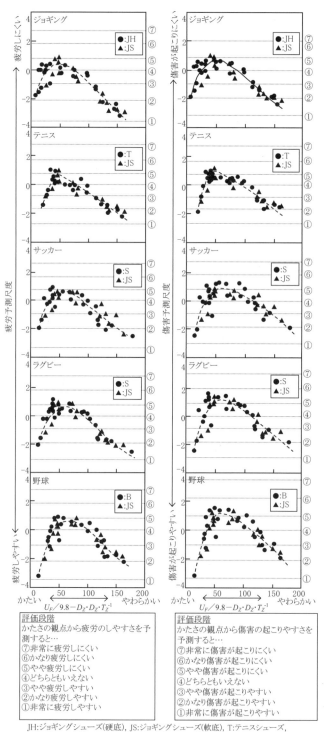

解説図 2.6.5 屋外スポーツサーフェイスのかたさの評価指標[2]

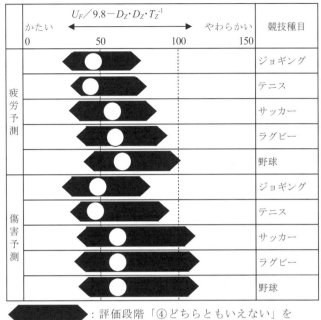

解説図 2.6.6 屋外スポーツサーフェイスのかたさの最適値および許容範囲（例）[2]

参 考 文 献

1) 小野英哲，三上貴正：屋外スポーツサーフェイスのかたさ測定装置の設計・試作　屋外スポーツサーフェイスのかたさの評価方法に関する研究（第 1 報），日本建築学会構造系論文報告集，第 369 号，pp.1-8，1986.11

2) 三上貴正，横山裕，大野隆造，地濃茂雄，小野英哲：屋外スポーツサーフェイスのかたさの評価指標および評価方法の提示　屋外スポーツサーフェイスのかたさの評価方法に関する研究（第 2 報）：日本建築学会構造系論文報告集，第 396 号，pp.1-8，1989.2

7節　転倒衝突時の床のかたさ

2.7.1　目的・意義

> 本節は，転倒して頭部が床に衝突する場合のかたさについて，その評価方法および推奨値を示し，所定のかたさの確保に資することを目的とする．

　転倒衝突時の床のかたさとは，床の使用者が何らかの理由により頭部などの身体を床にぶつけたときの，傷害の起こりにくさからみたかたさのことである．転倒衝突時の床のかたさが適切でない場合には，床の使用者が床へ転倒衝突した時に，傷害が発生したり，発生する傷害の程度が大きくなったりするおそれがある．したがって，幼稚園，保育園，学校，病院，高齢者施設など，衝撃に対する耐性が低い幼児や高齢者が利用する各種施設の場合や，柔道場などの衝突を前提とする運動競技施設の場合には，転倒衝突時の床のかたさに十分に留意し，適切なかたさを有する床とすることが望ましい．

　本節では，転倒衝突時に危険と思われるかたさの評価方法と推奨値を提示する．

2.7.2　適用範囲

> 建築物内外の床（スポーツサーフェイスなどを含む）について，転倒衝突時の床のかたさを評価する場合に適用する．対象とする床の材料，構法は，特に限定しない．

　本節は，スポーツサーフェイスなどを含む建築物内外の床全般について，転倒衝突時の床のかたさを評価する場合に適用する．

　本節では，どのような材料，構法の床にも共通に適用できる評価方法を提示する．

2.7.3　評価の観点

> かたさの評価の観点は，転倒衝突時の頭部の安全性とする．

　転倒衝突時の安全性とは，身体を床にぶつけたときの傷害の起こりにくさの観点からの安全性をいう．かたさの評価に際して対象とするおもな身体部位は頭部であり，2.7.4で述べるように，頭部の衝突を想定して開発されたかたさ測定装置を用いて，かたさの測定・評価を行う．

　かたさの推奨値については，「転倒衝突に対して配慮が望まれる床」と「転倒衝突を前提とする床」について，それぞれの床に求められる転倒衝突時の安全性以外の性能に不都合を及ぼすことのない範囲で適切に設定した推奨値を提示する．

2.7.4 性能評価方法

2.7.4.1 性能値の測定方法

> 転倒衝突時の床のかたさ測定装置を用い，評価対象床のかたさの性能値 G_s を測定する．

床のかたさを評価する際には，適正な評価が可能な測定装置が必要となる．国内外にいくつかのかたさ測定装置があるが，本節では転倒衝突時の床のかたさ測定装置[1])を使用する．本装置は，所定の質量の頭部モデルを，所定の高さから頭皮を模したゴム板を敷いた床上に自由落下させることにより，人間の頭部が床と衝突した時と同様の衝撃を頭部モデルに作用させ，この時の衝撃を頭部モデルに装着した加速度計で測定するものであり，転倒衝突時の床のかたさは，加速度計で測定される加速度の最大値 G_s（単位：G）で表示できる．本装置の具備すべき要件は以下のとおりである．

・頭部モデルの質量：3.75±0.1kg
・頭部モデルの落下高さ：200mm
・ゴム板の厚さ：6〜8mm
・ゴム板の硬度：ショア A 硬度 40±3
・剛床上での加速度の最大値 G_s：155±5G
・剛床上での加速度の作用時間：0.002〜0.003s

解説図 2.7.1 に，かたさ測定装置の基幹部の概要(例)を示す．

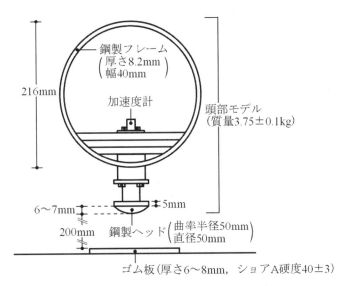

解説図 2.7.1 転倒衝突時の床のかたさ測定装置（例）

2.7.4.2 評価方法

> 2.7.4.1 で測定したかたさの性能値 G_s で，評価対象床のかたさを評価する．

かたさの性能値 G_s の値が小さいほど，評価対象床はやわらかく，安全であることを意味する．

2.7.5 性能の推奨値

G_s の推奨値を，表 2.7.1 に示す．

表 2.7.1　G_s の推奨値

床の種類	推奨値	備考
転倒衝突に対する配慮が望まれる床	100G 以下	幼稚園，保育園，学校，病院，高齢者施設，運動競技施設などの中で配慮が望まれる床
転倒衝突を前提とする床	65G 以下	柔道場の床など

G_s の測定位置：実際の使用時に転倒衝突が発生する可能性がある範囲内でもっともかたいと想定される位置

　転倒衝突時の床のかたさについては，JIS A6519:2013 にも G_s の規格値が規定されていることから，本指針においてもこの規格値を推奨値とすることとした．

　ただし，転倒衝突時の床のかたさの性能値に関しては，値が小さいほど床が安全であることから，床の用途や使用者の層，あるいはその他の性能項目との関連性も考慮したうえで，できるだけ小さい値となるように努めるべきである．

参考文献

1) 小野英哲，三上貴正，渡辺博司：安全性からみた学校体育館床のかたさに関する研究，日本建築学会論文報告集，第 321 号，pp.9-15, 1982.11

本節の評価方法が適用されている規格

1) JIS A 6519 : 2013（体育館用鋼製床下地構成材）

8節 不振動性

2.8.1 目的・意義

> 本節は，床の振動の発生しにくさ，すなわち不振動性について，その評価方法および推奨値を示し，所定の不振動性の確保に資することを目的とする．対象とする振動は，建築物内の人間の動作により発生する，鉛直方向の振動とする．

建築物床には，地震時や強風時以外でも，建築物内の人間の動作や設備機器の稼働，および建築物外の道路，鉄道，各種生産施設，建設工事など，さまざまな理由により振動が発生する．これらの振動は，日常生活における居住性を低下させる大きな要因となる．したがって，振動の発生しにくさ，すなわち不振動性は，居住性を左右する重要な性能の1つである．本節では，人間の動作により発生する床の鉛直方向の振動を対象に，不振動性の観点からの評価方法と推奨値を提示する．

2.8.2 適用範囲

> 建築物内の人間の日常的な動作により発生する振動を対象に，床の不振動性を評価する場合に適用する．対象とする床は，木造，軽量鉄骨造建築物で，8畳間程度の大きさまでの空間の床とする．

人間の動作により生じる床の鉛直方向の変形は，動作者が感じるかたさや，転倒衝突時の安全性など種々の性能に影響するが，動作者以外の居住者には，振動として感知される場合がある．本節は，歩行など日常的な動作時に発生する床振動を，動作者と異なる居住者が床と接触している身体部位で感じる場合に適用する．居住者の受振姿勢は，立位，椅子腰掛位，座位などとする．

人間の動作による床振動は，単純な正弦振動とは異なる複雑な性状を示すため，独自の方法で評価する必要がある．振動とそれに対する居住者の評価との関係は，本来床の材料，構法や空間の大きさにより変化するものではない．しかし，同一の床上でも，居住者が感じる振動は，動作の種類や動作位置，および居住者の受振位置などにより変化する．したがって，これらの条件ごとに評価を求めるのが基本となるが，1つの床に対する総合的な評価を求める観点からは，適用できる床の材料，構法および空間の大きさを規定したうえで，代表的な測定条件を定めるのが望ましい．ここで，木造，軽量鉄骨造建築物で，8畳間(3640×3640mm)程度の大きさまでの空間の床であれば，実際の使用時に動作が行われる可能性がある範囲内で最も大きな振動が発生する位置を測定点とし，この測定点に歩行1歩分の荷重を作用させた時に測定される振動で，当該床を総合的に評価できることが明らかとなっている[8]．よって，本節では，対象とする床を，木造，軽量鉄骨造建築物で，8畳間程度の大きさまでの空間の床とする．

本節で対象とする床の表面の仕上げは，特に限定しないこととする．

2.8.3 評価の観点

> 不振動性の評価の観点は,居住者からみた苦情発生の有無とする.

床振動が居住性におよぼす影響は,気になる,差し障りがある,不安感を感じる,不快であるなどといった心理的影響をはじめ,作業できない,動作しづらいなどといった作業性,動作性への影響,さらには気持ち悪い,眠れないなどといった生理的影響などさまざまである.本節では,これらが複合された結果と位置づけられる,居住者からの苦情発生の有無からみた評価方法と推奨値を提示する.

2.8.4 性能評価方法

2.8.4.1 性能値の測定方法

> 床振動測定装置を用い,評価対象床の不振動性の性能値$VI(2)$を測定・算出する.

床の不振動性を評価する際には,適正な評価が可能な測定装置が必要となる.本節では適正な評価が可能なことが証明されている床振動測定装置[1)～7)]を使用する.解説図2.8.1に,床振動測定装置の概要(例)を示す.床振動測定装置は,代表的な動作である歩行時に人間が床に与える荷重や,歩行者の人体の振動特性を置換した動的加振器,衝撃的加振器,受振器の3種の装置からなる.

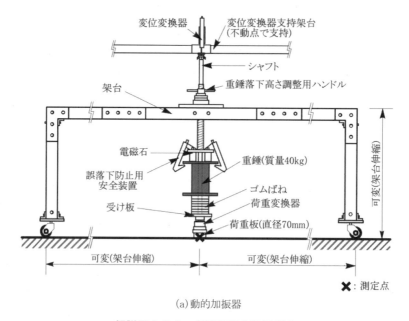

(a) 動的加振器

解説図 2.8.1　床振動測定装置(例)

第2章 かたさ，不振動性 －45－

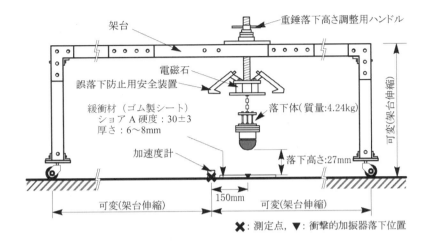

(b) 衝撃的加振器

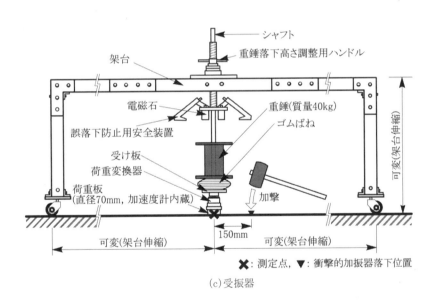

(c) 受振器

解説図 2.8.1 床振動測定装置(例)（つづき）

解説図 2.8.1 の (a) に示す動的加振器は，電磁石により所定の高さに吊られた重錘をゴムばね上に落下させることにより，荷重板を介して，歩行者が着地時に床に与える荷重と近似した動的荷重を床に作用させるものである．本装置の具備すべき要件は，以下のとおりである．
・重錘の質量：40kg
・重錘の落下高さ：0mm（重錘下端と自然長のゴムばね上端が接する位置から落下）

- 荷重の作用面の大きさ，形状：直径 70mm の円形
- 剛床上での荷重の最大値：706±39N（72±4kgf）
- 剛床上での荷重の作用時間：0.15±0.02s

　床上に設定した測定点に動的加振器を設置し，重錘落下時に測定点に作用する動的荷重を荷重変換器で，測定点の変形をシャフト頂部に取り付けた変位変換器で測定する．

　解説図2.8.2に，動的加振器で測定される荷重・時間曲線および変形・時間曲線の例を示す．図中，D_{max}(cm)は変形の最大値，T_m(s)は変形の立上り時点からD_{max}に達する時点までの時間である．

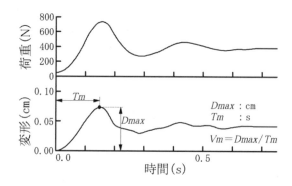

解説図2.8.2　動的加振器で測定される荷重・時間曲線および変形・時間曲線の例

　解説図2.8.1の(b)に示す衝撃的加振器は，電磁石により所定の高さに吊られた落下体を床表面に敷いた緩衝材上に落下させることにより，着地初期の歩行者の踵と床の衝突による衝撃と近似した衝撃的荷重を床に作用させるものである．本装置の具備すべき要件は，以下のとおりである．
- 落下体の質量：4.24kg
- 落下体の落下高さ：27mm
- 緩衝材：ショアA硬度 30±3，厚さ 6～8mm のゴム製シート
- 剛床上での荷重の最大値：588±29N（60±3kgf）
- 剛床上での荷重の作用時間：0.012±0.002s

　落下体は，足裏の中心と踵との距離を考慮し，測定点から150mmの位置に落下させる．この時の床の加速度を，測定点上に取り付けた加速度計で測定する．

　解説図2.8.3に，衝撃的加振器で測定される加速度・時間曲線の例を示す．図中，A_i(cm/s^2)は落下体落下直後の加速度の最大値，T_i(s)は加速度の立上り時点からA_iに達する時点までの時間である．

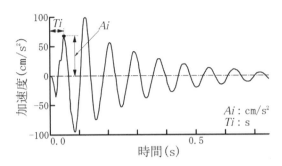

解説図2.8.3 衝撃的加振器で測定される加速度・時間曲線の例

解説図2.8.1の(c)に示す受振器は，動的加振器の重錘をゴムばね上に静的に載荷したものである．重錘とゴムばねは，歩行者の人体と近似した振動特性を有する1自由度振動系を構成している．本装置の具備すべき要件は，以下のとおりである．

・重錘とゴムばねからなる振動系の有効質量：40kg
・重錘とゴムばねからなる振動系の固有振動数：4±1Hz
・重錘とゴムばねからなる振動系の減衰定数：20±5%
・重錘とゴムばねからなる振動系の床との接触面の大きさ，形状：直径70mmの円形

受振器を測定点に設置し，測定点から150mm離れた衝撃的加振器落下位置をハンマーなどで加撃する．その時の振動を荷重板内部に取り付けた加速度計で測定することにより，歩行者の人体が乗った状態での床の振動の減衰特性を把握することができる．

解説図2.8.4に，受振器で測定される加速度・時間曲線の例を示す．図中，$A_{initial}$(cm/s^2)は加撃直後の加速度の最大値，A_{cr}(cm/s^2)は後述する加速度の恕限度から算出される値であり，T_d(s)は振動が$A_{initial}$からA_{cr}まで減衰するのに要する時間である．

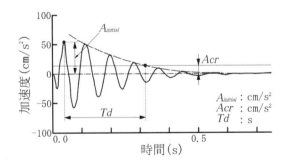

解説図2.8.4 受振器で測定される加速度・時間曲線の例

一般に，人間の動作により発生する床振動に対する居住者の評価には，着地時の振動の大きさと，その後の振動の続き具合が影響する．このうち，居住者が感じる着地時の振動の大きさは，動的荷重による変形の最大値および変形速度と対応する．一方，振動の続き具合は，衝撃的荷重により励起された振動の加速度振幅が14.1 cm/s^{2}まで減衰するのに要する時間と対応する．ここで，加速度の恕限度14.1 cm/s^{2}は，正弦振動の場合「明確に感じる」程度の評価となる．

以上より，床の不振動性は，床振動測定装置による測定結果から下式にしたがって算出される$VI(2)$で表示できる．

$$VI(2) = 0.2\log(D_{max}) + 0.5\log(V_m) + \log(T_h) \quad \cdots\cdots\cdots\cdots\cdots\cdots\cdots\cdots 式\ (2.8.1)$$

$$ただし，V_m = D_{max}/T_m$$
$$A_{cr} = 14.1(A_{initial}/A_i)$$
$$T_h = T_i + T_d$$

ここで，D_{max}は動的荷重による変形の最大値，V_mは動的荷重による変形速度である．また，A_{cr}は恕限度14.1 cm/s^{2}を$A_{initial}$とA_iの比に応じて補正した値であり，T_dは衝撃的荷重により励起された振幅A_iの振動が14.1 cm/s^{2}まで減衰するのに要する時間に該当する．さらに，T_dにT_iを加えたT_hは，踵と床の衝突開始時点から振幅が14.1 cm/s^{2}まで減衰する時点までの時間となる．

2.8.4.2 評 価 方 法

> 2.8.4.1で測定した不振動性の性能値$VI(2)$で，評価対象床の不振動性を評価する．

不振動性の性能値$VI(2)$の値が小さいほど，評価対象床は人間の動作時に振動が発生しにくく，居住性は低下しにくいことを意味する．

2.8.5 性能の推奨値

$VI(2)$の推奨値を，**表 2.8.1**に示す．

表 2.8.1 $VI(2)$の推奨値

床の種類	動作の種類	推奨値
人間の動作により発生する鉛直方向の振動に対する配慮が必要な床	加振動作：歩行など 受振姿勢：立位，椅子腰掛位，座位など	−0.9 以下
$VI(2)$の測定位置：実際の使用時に動作が行われる可能性がある範囲内で最も大きな振動が発生すると思われる位置		

床振動に対する評価は，他の性能と比較して，周囲の状況や，居住者の経験などの影響を受けやすい．すなわち，実験室実験で得られた評価から，実際の建築物における居住後評価を推定する際，さまざまな要因を考慮する必要がある．そこで，不振動性に関しては，他の性能と異なり，居住後評価の1つである苦情発生の有無と性能値の関係に基づいて，推奨値を提示することとした．

解説図2.8.5に，実在する50棟以上の木造，軽量鉄骨造住宅の床を対象に，$VI(2)$とそれぞれの床での苦情発生の有無との関係を検討した結果を示す．横軸の$VI(2)$は，いずれの床でも，実際の使用時に動作が行われる可能性がある範囲内で最も大きな振動が発生すると思われる位置で測定している．図より，−0.8＜$VI(2)$の床では苦情が発生しているのに対し，$VI(2)$≦−0.9 の床では一部を除いて苦情は発生していないこと，−0.9＜$VI(2)$≦−0.8 の床はボーダーライン上にあることがわかる．すなわち，上記測定点で測定される$VI(2)$で，苦情発生の有無をおおむね判定できることがわかる．なお，$VI(2)$≦−0.9 でも苦情が発生している床がいくつかあるが，これらの床では家具，食器のがたつき音やテレビ，観葉植物の揺れなど，聴覚的，視覚的要因の影響が推察されたことを付け加える．

—50— 床性能評価指針

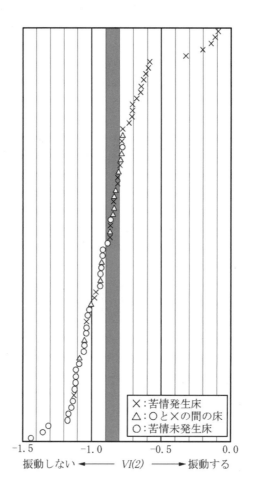

解説図 2.8.5 　$VI(2)$ と苦情発生の有無の関係[8]

表 2.8.1 の $VI(2)$ の推奨値は，解説図 2.8.5 に基づいて策定したものである．したがって，$VI(2)$ の測定にあたっては，床の構成を考慮しながら，実際の使用時に動作が行われる可能性がある範囲内で最も大きな振動が発生すると思われる位置を想定し，測定点として選定する必要がある．

参 考 文 献

1) 小野英哲，横山　裕：人間の動作により発生する床振動の振動感覚上の表示方法に関する研究　－振動発生者と受振者が同じ場合－，日本建築学会構造系論文報告集，第 381 号，pp.1-9，1987.11
2) 横山　裕，小野英哲：人間の動作により発生する床振動の振動感覚上の表示方法に関する研究　－振動発生者と受振者が異なる場合－，日本建築学会構造系論文報告集，第 390 号，pp.1-9，1988.8
3) 小野英哲，横山　裕：人間の動作により発生する床振動の居住性からみた評価方法に関する研究　－振動発生者と受振者が同じ場合（動作した人間自身が床振動を感じる場合）－，日本建築学会構造

系論文報告集，第394号，pp.8-16, 1988.12
4) 横山　裕, 小野英哲：振動発生者と受振者が異なる場合の床振動の評価方法の提示　人間の動作により発生する床振動の居住性からみた評価方法に関する研究(第2報), 日本建築学会構造系論文報告集，第418号，pp.1-8, 1990.12
5) 横山　裕：歩行時に発生する床振動評価のための加振，受振装置に関する研究　動的加振器，受振器の設定および妥当性の検討，日本建築学会構造系論文集，第466号，pp.21-29, 1994.12
6) 横山　裕, 佐藤正幸：歩行時に発生する床振動評価のための加振，受振装置に関する研究　衝撃的加振器の開発および振動減衰時間算出方法の妥当性の確認，日本建築学会構造系論文集，第476号，pp.21-30, 1995.10
7) 横山　裕, 佐藤正幸：歩行時に発生する床振動評価のための加振，受振装置に関する研究　仕上げ材が施された床に対する加振，受振装置の適用方法の設定，日本建築学会構造系論文集，第490号，pp.17-26, 1996.12
8) 横山　裕：苦情発生の有無からみた実在住宅床振動の測定条件，境界値の提示，日本建築学会構造系論文集，第546号，pp.17-24, 2001.8

本節の評価方法が適用されている規格
1) 日本建築学会：建築物の振動に関する居住性能評価指針・同解説, 2004

第3章 すべり

1節 共通事項

> 本章では，床のすべりを評価する方法およびすべりの推奨値を提示する．

　床のすべりは，床に要求される重要な性能項目の1つである．床のすべりが適切でない場合には，すべって転倒する，すべらなさすぎてつまずく，自転車や車椅子等の制御ができなくなるなどの不都合が生じ，大きな事故にもつながるおそれがある．

　すべりは床と履物底や足の裏，タイヤ（以下，履物底等と記す）との間の摩擦による現象と捉えられることがあるが，実際には，床表面の凹凸が履物底等に食い込むことに代表される機械的なひっかかりも含めた現象であり，すべりを単純な摩擦と考えることはできない．

　また，床表面と履物底等がともに清掃された状態であることはほとんどなく，多くの場合細かいゴミや土砂，雨水，油，洗剤，石けん水などさまざまなものが介在している．

　さらに，床の表面状態は刻々と変化する．上記のような介在物の有無による短期的な表面状態の変化はもとより，床表面の摩耗などによる長期的な変化もすべりには影響する．したがって，すべりの変化を最小限にとどめるためには，床表面の適切な維持管理が必要である．一般に，すべらない場合による不都合より，すべる場合の不都合の方が重大な事故になりやすいので，維持管理を怠るとすべりやすくなるような場合には，特に留意すべきである．

　すべりの評価にあたっては，当該床上で使用される実際の履物底等とそこに存在する実際の介在物を用いるのが原則である．しかし，実際の履物底等や介在物を全て網羅して評価を行うことは事実上不可能なので，運用上は代表的な履物底等と介在物を選定して評価することになる．履物底等と介在物の選定にあたっては，実際の使用時に想定される範囲内でもっともすべりやすく危険な組合せを基本とすべきである．例えば，履物底の場合はすべり止め加工の施してあるものよりは加工のないものを，やわらかくて床面の凹凸が食い込みやすいものよりはかたくて食い込みにくいものを選定する必要がある．また，降雨時に雨水などの介在物が床上に存在する可能性がある場合は，介在物を用いた状態で測定する必要がある．

　床のすべりを評価する際に考慮すべき要因には上記の履物底等や介在物を含め，以下のものがある．

　　　床の形態：水平な床，階段，斜路，など

用　　　途：屋外の路面，建物内の廊下や居室の床，運動を行うスポーツサーフェイス，風呂場などの水回りの床，など

動　　　作：建物内外での歩行・方向転換などの日常動作，スポーツなどの激しい動作，など

履　物　等：靴，スリッパ，くつ下，素足（履物を履かない場合），タイヤ，など

介　在　物：ほこり，土砂，雨水，雪，油，洗剤，石けん水，など

　上記のように多数の要因が関与していることから，床の形態や用途ごとにすべりの評価方法が存在する．以降では，くつ下を含めた履物着用の場合のすべり，素足の場合のすべり，階段のすべり，斜路のすべり，自転車のすべり，車椅子のすべりについて記す．

2節　履物着用の場合のすべり

3.2.1　目的・意義

> 本節は，履物を着用して床の上で各種の動作を行う場合のすべりについて，その評価方法および推奨値を示し，所定のすべりの確保に資することを目的とする．

　床のすべりが適切でない場合には，すべって転倒したり，すべらなさすぎてつまずくなどの不都合が生じ，大きな事故につながるおそれがあるので，適切なすべりを有する床であることが望ましい．本節では，履物を履いて歩行したり，運動したりするときに感じられるすべりの評価方法と推奨値を提示する．

3.2.2　適用範囲

> 建築物内外の床（路面，スポーツサーフェイスなどを含む）のうち，履物を着用して使用する床において，歩行や方向転換などの代表的な日常動作，あるいは運動動作を行う際のすべりを評価する場合に適用する．対象とする床の材料，構法は，特に限定しない．

　本節は，履物（くつ下を含む）を着用して使用する水平な床で，歩行や方向転換などの代表的な日常動作およびスポーツなどの激しい運動動作を行うときに感じるすべりを評価する場合に適用する．
　本節では，どのような材料，構法の床にも共通に適用できる評価方法と推奨値を提示する．

3.2.3　評価の観点

> 運動動作を前提としない一般的な床の場合，すべりの評価の観点は安全性および快適性とする．また，体育館床などのスポーツサーフェイスの場合，運動動作のしやすさとする．

　一般的な床における安全性には，すべったりつまずいたりしてバランスを崩したり転倒したりすることによる怪我，障害の発生のしにくさなどが該当する．また，快適性には，安全性が確保された上での歩き心地のよさなどが該当する．
　スポーツサーフェイスにおける運動動作のしやすさには，単に競技のしやすさのみではなく，怪我，障害の発生しにくさなども含まれる．
　なお，スポーツサーフェイスの場合には，一般的な使用者層の運動動作のしやすさからみた評価と専門競技者のパフォーマンスからみた評価とは，必ずしも一致しない．本節では，一般的な使用者層の運動動作のしやすさからみた評価を対象とする．

3.2.4 性能評価方法

3.2.4.1 性能値の測定方法

> すべり測定装置"O–Y・PSM"を用い,評価対象床のすべりの性能値 $C.S.R$ (Coefficient of Slip Resistance) を測定・算出する.

床のすべりを評価する際には,適正な評価が可能な測定装置が必要となる.国内外に何種類ものすべり測定装置があるが,本節では適正な評価が可能なことが証明されており,公的な規格にも採用されている測定装置である"O–Y・PSM"[1)~6)]を使用する.**解説図3.2.1**に,すべり測定装置"O–Y・PSM"の概要(例)を示す.なお,この測定装置の仕様の詳細については本節末の【**参考資料**】(1)**すべり測定装置"O–Y・PSM"の仕様の解説**に記したとおりである.

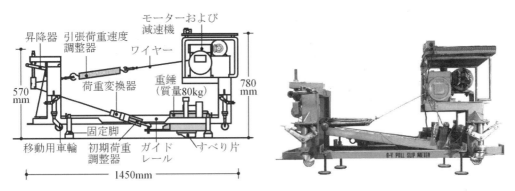

解説図 3.2.1 すべり測定装置"O–Y・PSM"(例)

本章1節にも記したようにすべりは単なる摩擦とは異なるので,"O–Y・PSM"においては人間の動作時の荷重条件や履物底と床との接触状況を適宜置換した機構・仕様の測定装置となっている.履物でのすべりを測定する場合は履物底を張り付けたすべり片を用い,くつ下でのすべりを測定する場合は人間の足裏と近似したやわらかさの発泡ゴム(JIS K 6253-3:2012 タイプAデュロメータ硬さ10,厚さ10mm)の下地にくつ下をかぶせたすべり片を用いる.**解説図3.2.2**および**解説写真3.2.1**にすべり片の例を示す.

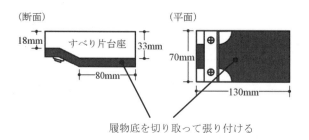

解説図 3.2.2 すべり片の例

解説写真 3.2.1 すべり片の例（左：履物底の場合　右：くつ下の場合）

　解説図 3.2.3 に，本装置で測定される引張荷重・時間曲線の例を示す．動作した際のすべりは，図に示す引張荷重の最大値 P_{max}（N）をすべり片に作用する鉛直荷重（784N）で除した，下式で得られる $C.S.R$（Coefficient of Slip Resistance）で表示できる．

$$C.S.R = P_{max}/784 \cdots\cdots\cdots\cdots\cdots\cdots\cdots\cdots\cdots\cdots\cdots\cdots 式（3.2.1）$$

　この $C.S.R$ は，官能検査手法を用いて構成したすべりの心理学的尺度（人間が動作した時にどの程度すべるか，すべらないかを表す尺度）とよく対応することが明らかにされている[1)〜6)]．

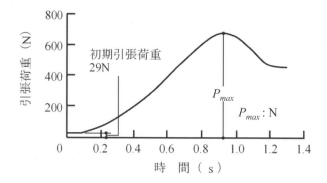

解説図 3.2.3　引張荷重・時間曲線の例

$C.S.R$ は，履物のほか，床表面に介在するほこり，水，油などにより大きく変化する．したがって，測定の際には，すべり片と床表面に散布する介在物を，適宜選定する必要がある[7]．ちなみに，**解説表**3.2.1 に示すように JIS A 1454:2010 には，すべり片，表面介在物の例が提示されている．

解説表3.2.1　JIS A 1454 のすべり片，表面介在物の例

すべり片	硬さ 72～80，厚さ 3～6mm のゴムシート
	硬さ 29～35，厚さ 7～10mm のゴムシート
	その他：実際に使用している靴底など
	なお，かたさは JIS K 6253-3 に規定するデュロメータ硬さ試験（タイプAデュロメータ）による．
表面介在物	清掃・乾燥状態　試験片表面を清潔な布で拭いた状態
	ダスト散布状態　試験片表面に JIS Z 8901 に規定する試験用粉体 1 の 7 種を 10g/m^2 の割合で散布した状態
	水+ダスト散布状態　水道水と JIS Z 8901 に規定する試験用粉体1の1種および7種とを質量比で 20:9:1 に混合したものを 400g/m^2 の割合で散布した状態
	油散布状態　食用油を 40g/m^2 の割合で散布した状態
	その他：受渡当事者間の協定による．

3.2.4.2　評価方法

> 3.2.4.1で測定したすべりの性能値$C.S.R$を，すべりに対する評価と$C.S.R$の関係を示した評価指標と照合し，評価対象床のすべりを評価する．

評価指標とは，官能検査手法を適用して構成したすべりの安全性，快適性および運動動作のしやすさなどに関する心理学的尺度（評価尺度）と，$C.S.R$ の関係を示したものである．

評価方法の例を**解説図**3.2.4 に示す．図に示す評価段階は，縦軸の評価尺度を構成するための官能検査で用いた判断範ちゅうの，評価尺度上の位置を示すものである．ある床材をスリッパを履いて歩行する場合，仮にすべり測定装置"O-Y・PSM"で測定し，**式**（3.2.1）で計算された $C.S.R$ が 0.4 であるなら，**解説図**3.2.4 より，床材のすべりは"⑥かなり安全である"と評価される．なお，評価指標の詳細は，3.2.5 の**解説図**3.2.5～3.2.10 に示す．

—58— 床性能評価指針

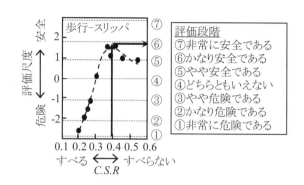

解説図 3.2.4　評価指標の例と評価方法の概要

3.2.5　性能の推奨値

$C.S.R$ の推奨値を，表 3.2.1 に示す．

表 3.2.1　$C.S.R$ の推奨値

床の種類	動作の種類	推奨値	備考
履物を履いて動作する床	普通の動作	0.4 以上	小走りなどを含む
	ゆっくりとした動作	0.3 以上	
体育館などの床	バドミントン，バレーボール，バスケットボールなど	0.5 以上 0.9 以下	
屋外スポーツサーフェイス	野球	0.6 以上 1.1 以下	
	サッカー	0.5 以上 0.9 以下	
	ラグビー	0.6 以上	
	テニス	0.5 以上 0.8 以下	

$C.S.R$ の測定条件(すべり片，介在物)：実際の使用時に想定される範囲内のすべての条件が該当

　解説図 3.2.5〜3.2.10 に，すべりの評価指標を示す．このうち**解説図 3.2.10** は，高齢者を対象とした官能検査結果から構成した評価尺度を縦軸としている[8]．図から，多くの場合，すべりの最適値が存在し，すべりすぎてもすべらなさすぎても床の評価は低下することがわかる．

第3章 すべり

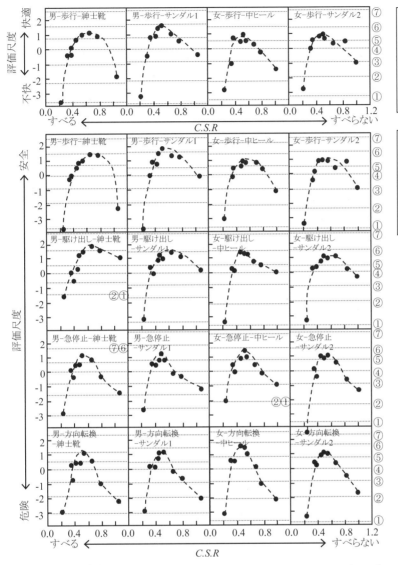

解説図 3.2.5 一般下足床のすべりの評価指標[4]

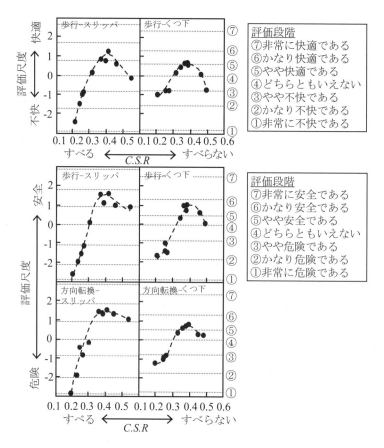

解説図 3.2.6　一般上足床のすべりの評価指標 [4]

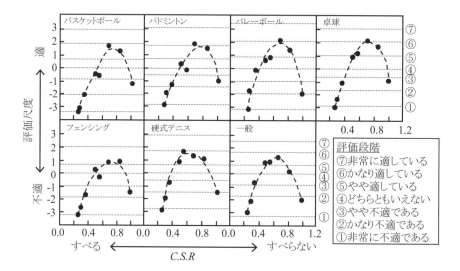

解説図 3.2.7　体育館の床のすべりの評価指標 [5]

第3章 すべり －61－

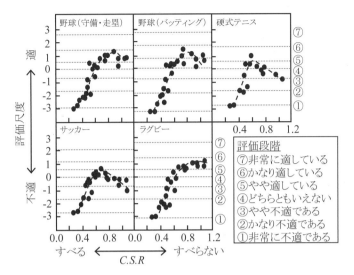

解説図 3.2.8 屋外スポーツサーフェイスのすべりの評価指標[5]

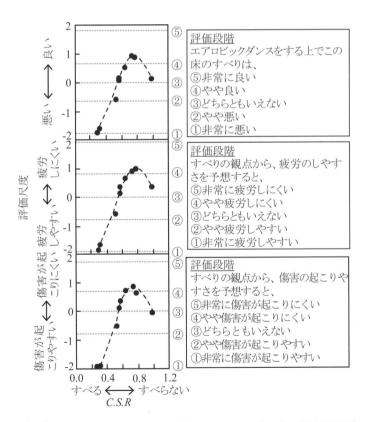

解説図 3.2.9 エアロビックダンスフロアのすべりの評価指標[6]

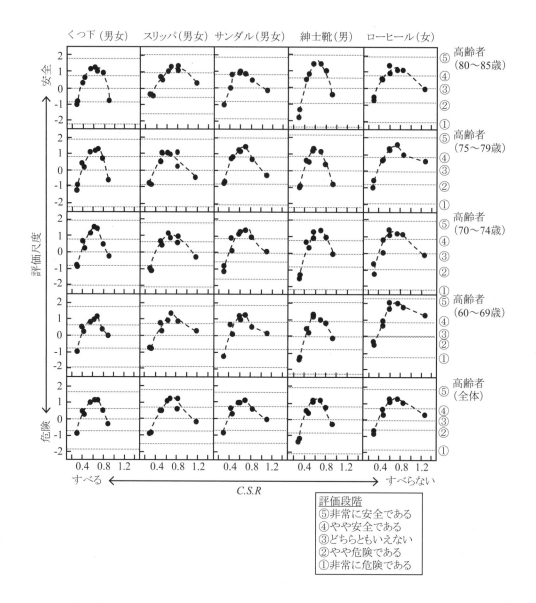

解説図 3.2.10 高齢者からみた一般上・下足床のすべりの評価指標[8]

　解説図 3.2.11〜3.2.16 は，解説図 3.2.5〜3.2.10 の各図から，$C.S.R$ の最適値と，評価段階 "④（または③）どちらともいえない" を仮の許容基準とした場合の $C.S.R$ の許容範囲（例）を求め，一覧にしたものである．

　表 3.2.1 の $C.S.R$ の推奨値は，解説図 3.2.11〜3.2.16 の $C.S.R$ の許容範囲（例）を基礎資料として策定した．

　表中，「履物を履いて動作する床」では，すべる床を排除する目的で，$C.S.R$ の下限値を策定した．

本来は，すべらない床も危険であるため C.S.R の上限値も策定する必要があるが，今回は第一段階として下限値を策定し，上限値については今後の課題とした．

一方，運動動作時は，日常動作時と比較して一般にすべらない床の危険性も高いことから，「体育館などの床」，「屋外スポーツサーフェイス」では，原則として C.S.R の上限値も策定した．また，すべりの重要性が特に高い「体育館などの床」では，「特に配慮が必要な床の場合」として，**解説図 3.2.7** において，評価段階 "⑤やや適している" を許容基準として推奨値を策定した．

「履物を履いて動作する床」の中の「ゆっくりとした動作」の推奨値は，普通の速さの動作をするのに十分な面積が確保されていない床に適用する．具体的には，一般的な広さの住宅の床などが該当する．

本章 **1節** にも記したとおり，同一の床材料でも，表面の汚れや摩耗などの種々の要因によりすべりは刻々と変化する場合もあることから，当初のすべりの性能値の維持や著しい低下を防止するためには，日常の管理が重要となる．表面の摩耗については，歩行時の摩耗による床のすべりの変化を短時間で再現できる摩耗測定装置も開発されている[9],[10]．

—64— 床性能評価指針

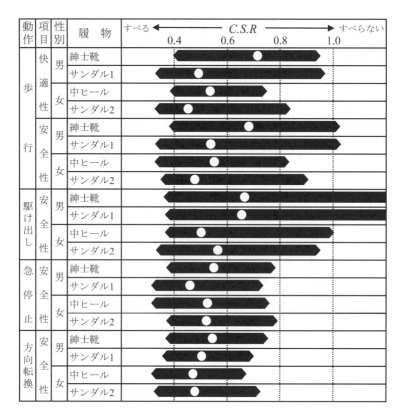

解説図 3.2.11 一般下足床のすべりの最適値および許容範囲（例）[4]

解説図 3.2.12 一般上足床のすべりの最適値および許容範囲（例）[4]

解説図 3.2.13 体育館の床のすべりの最適値および許容範囲（例）[5]

解説図 3.2.14 屋外スポーツサーフェイスのすべりの最適値および許容範囲（例）[5]

解説図 3.2.15 エアロビックダンスフロアのすべりの最適値および許容範囲（例）[6]

—66— 床性能評価指針

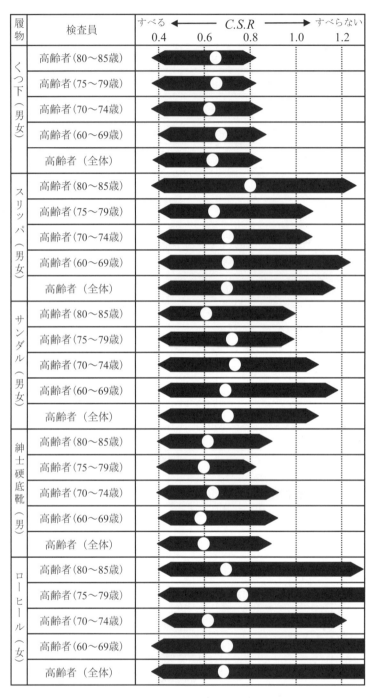

解説図 3.2.16 高齢者からみた一般上，下足床のすべりの最適値および許容範囲（例）[9]

【参考資料】
（1）すべり測定装置"O-Y・PSM"の仕様の解説

すべり測定装置"O-Y・PSM"の基本機構は，人間のさまざまな動作のうち，歩行時の蹴り出し時の足部の状況に近似させている．

歩行時の蹴り出し時の足部の状況を取り込んだ理由は，すべりの異なるいくつかの床を用いて，代表的動作と見なせる歩行，蹴り出し，急停止を行った時のすべりの大小を人間に判断させた結果，動作間においてすべりの大小の序列には差異がないこと，つまり，いかなる動作時の足部の状況を取り入れた機構でもよいことを実証した結果から，歩行時の蹴り出し時の状況を最も測定装置に取り込みやすいと判断したことによる．**参考図 3.2.17** にすべり測定装置の骨子を示す．

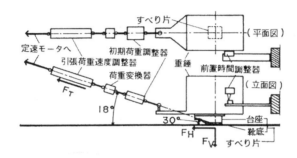

参考図 3.2.17 すべり測定装置"O-Y・PSM"の骨子[2]

以上の前提のもと，すべり測定装置"O-Y・PSM"の仕様は，歩行時に人間が床に与える荷重や履物と床の接触面積などを考慮した複数の候補の中から，得られるすべり抵抗が人間の判断を基に構成したすべり感覚尺度と最も良い対応がみられることを条件として，次のように設定されている．

- すべり片に作用する鉛直荷重は，784N（80kgf）とする．
- すべり片の大きさは，形状寸法を 8cm×7cm＝56cm^2 とする．
- すべり片の端部の勾配は 30° とする．
- すべり片を引張る方向は斜め上方に 18° とする．
- すべり片全面が床に接触してから引張り始めるまでの時間（前置時間）は 0s とする．
- 引張荷重速度は 784N／s（80kgf／s）とする．

上記の仕様のすべり測定装置"O-Y・PSM"によって得られるすべりの性能値 $C.S.R$ と人間の判断をもとに構成したすべり感覚尺度との関係を**参考図 3.2.18** 示す．両者は非常になめらかに対応していることから，すべりの性能値 $C.S.R$ は人間のすべりの大小の判断を表示していることが明確で，すべり測定装置"O-Y・PSM"とすべりの性能値 $C.S.R$ の妥当性が証明されている．

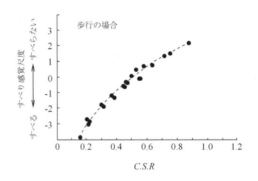

参考図 3.2.18 すべりの性能値 *C.S.R* とすべり感覚尺度の関係[3]

すべり測定装置"O-Y・PSM"の使用方法

①実際に使用する履物の底を切り取ってすべり片とし，このすべり片を重錘の下端に取り付けられたすべり片台座に取り付ける．

②測定対象床（試料床）をすべり片の下に設置する．

③すべり片を引っ張るワイヤーのたわみを一定にするために，試験直前のすべり片に対する初期引張荷重が 29N（3kgf）となるように初期荷重調整器によって調整する．

④重錘に取り付けたすべり片を測定対象床（試料床）に接触させ，すべり片に鉛直荷重 784N（80kgf）が載荷された状態ですべり片を引張る．引張る際の荷重速度は 784N／s（80kgf／s）となるように引張荷重速度調整器を用いて制御する．

⑤すべり片を引張った際の引張荷重を荷重変換器を用いて測定する．

⑥得られた引張荷重の最大値 P_{max} を鉛直荷重の 784N（80kgf）で除し，すべりの性能値 *C.S.R* として得る．

　なお，上記の使用方法は，測定対象床が 300mm×300mm 程度の大きさの試料床の場合であるが，"O-Y・PSM"を実際の床の上に設置して測定することもできる．

(2) 携帯型すべり測定装置"ONO・PPSM"

すべり測定装置"O−Y・PSM"は,移動可能ではあるものの 270kg 程度の質量があるので,$C.S.R$ とほぼ同一の結果が得られ,現場測定などに活用できるよう改良された**参考写真 3.2.2** に示す携帯型すべり測定装置"ONO・PPSM"も開発されている[11].

参考写真 3.2.2 すべり測定装置"ONO・PPSM"

参考文献

1) 小野英哲, 宮木宗和, 河田秋澄, 吉岡 丹：床のすべりおよびその評価方法に関する研究　その1　研究方法およびすべり感覚の尺度化, 日本建築学会論文報告集, 第321号, pp.1-7, 1982.11
2) 小野英哲：床のすべりおよびその評価方法に関する研究　その2　すべり試験機設計・試作のための基礎的資料の集積およびすべり試験機の基本構想, 日本建築学会論文報告集, 第333号, pp.1-7, 1983.11
3) 小野英哲, 河田秋澄, 宮木宗和, 川村清志, 小西敏正, 三上貴正, 橋田 浩, 吉岡 丹：床のすべりおよびその評価方法に関する研究　その3　すべり試験機の設計・試作, 日本建築学会論文報告集, 第346号, pp.1-8, 1984.12
4) 小野英哲, 須藤 拓, 武田 清：床のすべりの評価指標および評価方法の提示　床のすべりおよびその評価方法に関する研究(その4), 日本建築学会構造系論文報告集, 第356号, pp.1-8, 1985.10
5) 小野英哲, 橋田 浩, 横山 裕：スポーツサーフェイスのすべりの評価方法に関する研究, 日本建築学会構造系論文報告集, 第359号, pp.1-9, 1986.1
6) 小野英哲, 三上貴正, 岩崎淑子, 横山 裕：エアロビックダンスフロアのかたさ, すべりの評価方法に関する研究, 日本建築学会構造系論文報告集, 第385号, pp.1-7, 1988.3
7) 小野英哲, 三上貴正, 高木 直, 横山 裕, 北山 大, 高橋宏樹：床のすべりの評価における床表面介在物の標準化に関する研究, 日本建築学会構造系論文報告集, 第450号, pp.7-14, 1993.8
8) 小野英哲, 高橋宏樹, 泉 譲太, 高橋成明：高齢者の安全性からみた床および斜路のすべりの評価方法の提示, 日本建築学会構造系論文集, 第484号, pp.21-29, 1996.6
9) 工藤瑠美, 小野英哲：歩行負荷を代表とする摩耗による床のすべり抵抗の変化の把握方法に関する予備的検討, 摩耗による床のすべり抵抗の変化の即時推定方法に関する研究(その1), 日本建築学会構造系論文集, 第618号, pp.7-13, 2007.8
10) 工藤瑠美, 小野英哲：歩行負荷を代表とする摩耗によるすべり抵抗の変化を再現するための床の摩耗試験機の設計・試作, 摩耗による床のすべり抵抗の変化の即時推定方法に関する研究(その2), 日本建築学会構造系論文集, 第631号, pp.1483-1487, 2008.9
11) 小野英哲：携帯型床のすべり試験機(ONO・PPSM)の開発, 日本建築学会構造系論文集, 第585号, pp.51-56, 2004.11

本節の評価方法が適用されている規格

1) JIS A 1454：2010（高分子系張り床材試験方法）
2) JIS A 1509-12：2014（陶磁器質タイル試験方法-第12部：耐滑り性試験方法）

3節　素足の場合のすべり

3.3.1　目的・意義

> 本節は，素足で床の上で各種の動作を行う場合のすべりについて，その評価方法および推奨値を示し，所定のすべりの確保に資することを目的とする．

床のすべりが適切でない場合には，すべって転倒するなどの不都合が生じ，大きな事故につながるおそれがあるので，適切なすべりを有する床であることが望ましい．本節では，素足で歩行したり，運動したりするときに感じられるすべりの評価方法と推奨値を提示する．

3.3.2　適用範囲

> 建築物内外の床のうち，次に示す床において素足で動作する際のすべりを評価する場合に適用する．対象とする床の材料，構法は，特に限定しない．
> a．大量の液状介在物が介在する浴室床，浴槽底やプールサイドなどの床（以降，浴室床等と記す）．
> b．柔道，剣道，少林寺拳法などの競技に使用する武道場や運動施設の床（以降，運動施設床等と記す）．
> c．日常的な動作を行う住居などの一般床（以降，一般床と記す）．

本節は，次に示す状況において素足で動作するときに感じるすべりを評価する場合に適用する．
a．素足で使用する浴室床等において，水や石けん水などの大量の液状介在物が介在する状態において，浴槽出入りや歩行，方向転換などの動作を行うときに感じるすべり．
b．素足で行われる競技に使用する運動施設床等において運動動作を行うときに感じるすべり．
c．住居などの一般床において，素足で歩行，方向転換などの日常的な動作を行うときに感じるすべり．

本節では，どのような材料，構法の床にも共通に適用できる評価方法と推奨値を提示する．

3.3.3　評価の観点

> すべりの評価の観点は，以下のとおりとする．
> a．浴室床等の場合，安全性とする．
> b．運動施設床等の場合，運動動作のしやすさとする．
> c．一般床の場合，安全性および快適性とする．

a．液状介在物が介在する浴室床等の場合，介在物が介在しない一般的な床の場合よりバランスを崩したり転倒したりする可能性が高いことから，すべりの評価の観点は安全性とする．
b．運動施設床等の場合，本章2節に準じ，すべりの評価の観点は運動動作のしやすさとする．

c．一般床の場合，本章2節に準じ，すべりの評価の観点は安全性および快適性とする．

3.3.4　性能評価方法

3.3.4.1　性能値の測定方法

> a．浴室床等における素足のすべりについては，すべり片として浴室床用の素足のすべり片を取り付けたすべり測定装置"O–Y・PSM"を用い，評価対象床のすべりの性能値 $C.S.R \cdot B$（Coefficient of Slip Resistance・Bath）を測定・算出する．
> b．運動施設床等における素足のすべりについては，すべり片として運動施設床等および一般床用共通の素足のすべり片を取り付けたすべり測定装置"O–Y・PSM"を用い，評価対象床のすべりの性能値 $C.S.R \cdot BF$（Coefficient of Slip Resistance・Barefoot）を測定・算出する．
> c．一般床における素足のすべりについては，b．運動施設床等と同一の方法とする．

　素足の場合のすべりの評価においても，3.2.4.1 で示したすべり測定装置"O–Y・PSM"を使用する．**解説図** 3.3.1に，すべり測定装置"O–Y・PSM"の概要(例)を示す．

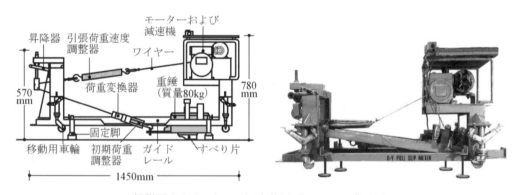

解説図 3.3.1　すべり測定装置"O–Y・PSM"（例）

　素足の場合のすべりの測定方法は，浴室床等の場合と運動施設床等および一般床の場合とで，大きく2つに分かれる．

　a．大量の液状介在物が介在する浴室床等における素足のすべりの性能値を測定する場合は，**解説図** 3.3.2に示すすべり片を用いて，3.2.4.1と同じ要領ですべり測定装置"O–Y・PSM"により試験を行なう．

　　解説図 3.3.3 に測定された引張荷重・時間曲線の例を示す．浴室床等における素足のすべりの性能値は，**解説図**3.3.3に示す引張荷重の最大値 P_{max}（N）と荷重が最大値に達した後の最初の極小値 P_{min}（N）をそれぞれすべり片に作用する鉛直荷重（784N）で除した値の和，すなわち下式で得られる $C.S.R \cdot B$（Coefficient of Slip Resistance・Bath）で表示できる．

$$C.S.R \cdot B = P_{max}/784 + P_{min}/784 \quad \cdots\cdots\cdots\cdots\cdots\cdots\cdots\cdots\cdots\cdots\cdots\cdots\cdots\cdots\cdots\cdots\cdots\cdots\cdots \text{式 (3.3.1)}$$

$C.S.R \cdot B$ は,水や石けん水などの液状介在物が介在する場合にのみ適用できる,浴室床等における素足のすべりの性能値であり,測定の際には,すべり片と床表面の間に散布する水や石けん水などの液状介在物を,床の用途に応じて適宜選定する必要がある.

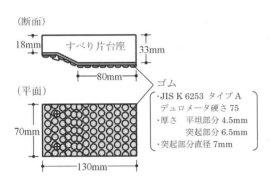

解説図 3.3.2 浴室床における素足のすべり片

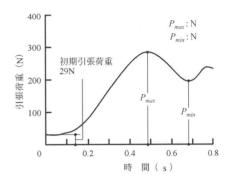

解説図 3.3.3 浴室床における素足のすべりの引張荷重・時間曲線の例

b. 運動施設床等における素足のすべりの性能値を測定する場合は,解説図 3.3.4 に示すすべり片を用いて,3.2.4.1 と同じ要領ですべり測定装置 "O-Y・PSM" により試験を行なう.

解説図 3.3.5 に測定された引張荷重・時間曲線の例を示す.運動施設床等における素足のすべりの性能値は,解説図 3.3.5 に示す引張荷重の最大値 P_{max}(N)をすべり片に作用する鉛直荷重(784N)で除した,下式で得られる $C.S.R \cdot BF$(Coefficient of Slip Resistance・Barefoot)で表示できる.

$$C.S.R \cdot BF = P_{max}/784 \quad \cdots\cdots\cdots\cdots\cdots\cdots\cdots\cdots\cdots\cdots\cdots\cdots\cdots\cdots\cdots\cdots\cdots\cdots\cdots\cdots\cdots\cdots\cdots \text{式 (3.3.2)}$$

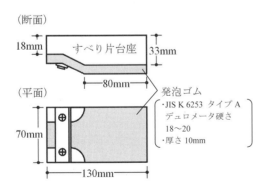

解説図 3.3.4 運動施設床等および一般床における素足のすべり片

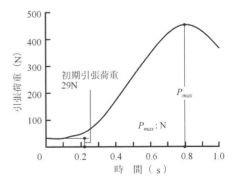

解説図 3.3.5 運動施設床等および一般床における素足のすべりの引張荷重・時間曲線の例

$C.S.R \cdot BF$ は，床表面に介在するほこり，水や汗などによって変化するため，測定の際には，すべり片と床表面の間に散布する介在物を，適宜選定する必要がある．介在物の例は，3.2.4.1 の**解説表**3.2.1 に示したとおりである．

c．一般床における素足のすべりの性能値を測定する場合は，b．運動施設床等と同一とする．

3.3.4.2 評 価 方 法

> a．浴室床等の場合は，3.3.4.1 a．で測定したすべりの性能値 $C.S.R \cdot B$ を，すべりに対する評価と $C.S.R \cdot B$ の関係を示した，浴室床における素足のすべりの評価指標と照合し，評価対象床のすべりを評価する．
> b．運動施設床等の場合は，3.3.4.1 b．で測定したすべりの性能値 $C.S.R \cdot BF$ を，すべりに対する評価と $C.S.R \cdot BF$ の関係を示した，運動施設床等における素足のすべりの評価指標と照合し，評価対象床のすべりを評価する．
> c．一般床の場合は，3.3.4.1 c．で測定したすべりの性能値 $C.S.R \cdot BF$ を，すべりに対する評価と $C.S.R \cdot BF$ の関係を示した，一般床における素足のすべりの評価指標と照合し，評価対象床のすべりを評価する．

評価指標とは，官能検査手法を適用して構成したすべりの安全性，快適性および運動動作のしやすさなどに関する心理学的尺度（評価尺度）と，$C.S.R \cdot B$ および $C.S.R \cdot BF$ との関係を示すものである．

a．浴室床等における素足のすべりの評価方法例を**解説図**3.3.6 に示す．図に示す評価段階は，縦軸の評価尺度を構成するための官能検査で用いた判断範ちゅうの，評価尺度上の位置を示すものであり，図中のプロットは浴室床材上を素足で歩行する場合のすべりの安全性に関する評価尺度と $C.S.R \cdot B$ との関係を示すものである．仮に，すべり測定装置"O-Y・PSM"で測定し，式（3.3.1）で計算された $C.S.R \cdot B$ が 0.9 であるなら，**解説図**3.3.6 より，床材のすべりは"⑥ かなり安全である"と評価される．

なお，評価指標の詳細は，3.3.5 の**解説図**3.3.9 に示す．

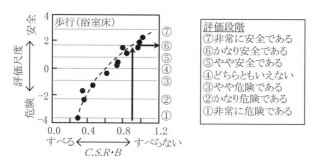

解説図3.3.6 浴室床における素足のすべりの評価指標の例と評価方法の概要

b．運動施設床等における素足のすべりの評価方法の例を**解説図**3.3.7 に示す．図に示す評価段階は，縦軸の評価尺度を構成するための官能検査で用いた判断範ちゅうの，評価尺度上の位置

を示すものであり，図中のプロットは，剣道を行う際の運動動作のしやすさに関する評価尺度と $C.S.R \cdot BF$ との関係を示すものである．仮に，すべり測定装置"O–Y・PSM"で測定し，式(3.3.2)で計算された $C.S.R \cdot BF$ が0.5であるなら，解説図3.3.7より，床材のすべりは"③どちらともいえない"と"④適している"との範囲内であると評価される．

なお，評価指標の詳細は，3.3.5の**解説図3.3.10**に示す．

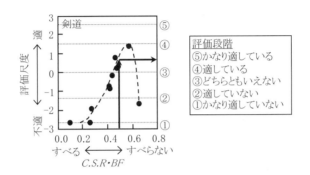

解説図3.3.7 運動施設床等における素足のすべりの評価指標の例と評価方法の概要

c．一般床における素足のすべりの評価方法の例を**解説図3.3.8**に示す．図に示す評価段階は，縦軸の評価尺度を構成するための官能検査で用いた判断範ちゅうの，評価尺度上の位置を示すものであり，図中のプロットは一般床材上を素足で歩行する場合のすべりの安全性に関する評価尺度と $C.S.R \cdot BF$ との関係を示すものである．仮に，すべり測定装置"O–Y・PSM"で測定し，式(3.3.2)で計算された $C.S.R \cdot BF$ が0.5であるなら，解説図3.3.8より，床材のすべりは"③どちらともいえない"と"④適している"との範囲内であると評価される．

なお，評価指標の詳細は，3.3.5の**解説図3.3.11**に示す．

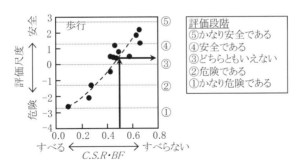

解説図3.3.8 一般床における素足のすべりの評価指標の例と評価方法の概要

3.3.5 性能の推奨値

$C.S.R \cdot B$ および $C.S.R \cdot BF$ の推奨値を，表 3.3.1 および表 3.3.2 に示す．

表 3.3.1　$C.S.R \cdot B$ の推奨値

床の種類	動作の種類	推奨値	備考
a．浴室床等	普通の動作	0.7 以上	大浴場，プールサイドなど
	ゆっくりとした動作	0.6 以上	

$C.S.R \cdot B$ の測定条件（介在物）：実際の使用時に想定される範囲内のすべての条件が該当

表 3.3.2　$C.S.R \cdot BF$ の推奨値

床の種類	動作の種類	推奨値	備考
b．運動施設床等	剣道，柔道，少林寺拳法など	0.4 以上 0.6 以下	
c．一般床	普通の動作	0.5 以上	小走りなどを含む
	ゆっくりとした動作	0.4 以上	

$C.S.R \cdot BF$ の測定条件（介在物）：実際の使用時に想定される範囲内のすべての条件が該当

解説図 3.3.9 に，浴室床等における素足のすべりの評価指標を示す．

解説図 3.3.9 から，浴室床等の場合，いずれの対応曲線においてもすべらないほど評価が高いことがわかる．評価段階"④どちらともいえない"を評価基準とした場合，大浴場やプールサイドなどでは小走りを含む普通の動作が想定されるが，$C.S.R \cdot B$ がおおよそ 0.7 以上あれば，小走り時においても評価段階④を満たすことが読み取れる．また，例えば，住戸内の狭い浴室床等においてゆっくりとした動作しか行われない場合では，$C.S.R \cdot B$ がおおよそ 0.6 以上あれば，評価段階④を満たすことが読み取れる．以上より，表 3.3.1 に示す推奨値を策定した．

なお，解説図 3.3.9 における安全風呂，一般風呂，危険風呂とは，元となる研究論文 [1],[2] において，官能検査の際に使用された模擬風呂で，解説図 3.3.10 に示す断面寸法のものである．それぞれの位置付けは，次に示すとおりである．

・安全風呂：出入り動作のしやすい断面寸法の風呂
・一般風呂：一般的な断面寸法の風呂
・危険風呂：出入り動作のしにくい断面寸法の風呂

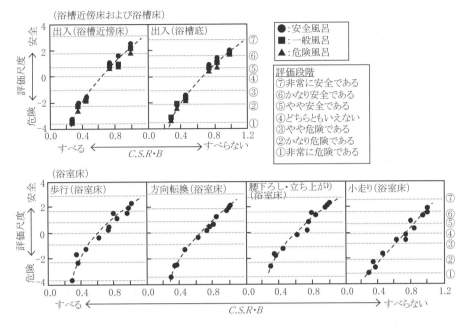

解説図 3.3.9 浴室床等における素足のすべりの評価指標[2]

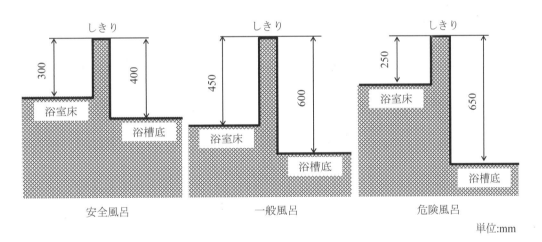

解説図 3.3.10 官能検査に使用された模擬風呂の断面寸法[1]

解説図 3.3.11 に,運動施設床等における素足のすべりの評価指標を示す.

解説図 3.3.11 から,運動施設床等の場合,いずれの対応曲線においてもすべりの最適値が存在し,それよりすべる床もすべらない床も評価が低下することがわかる.評価段階"③どちらともいえない"を評価基準とした場合,いずれの競技においても $C.S.R \cdot BF$ がおおよそ 0.4 以上 0.6 以下であれば評価段階③を満たすことが読み取れる.以上より,表 3.3.2 の b. に示す推奨値を策定した.

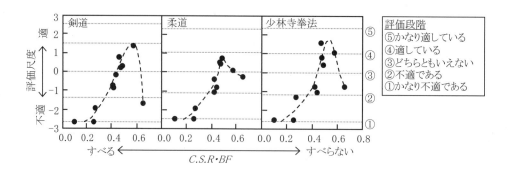

解説図 3.3.11　運動施設床等における素足のすべりの評価指標[3]

解説図 3.3.12 に，一般床における素足のすべりの評価指標を示す．

解説図 3.3.12 から，一般床の場合，いずれの対応曲線においてもすべらないほど評価が高いことがわかる．評価段階"③どちらともいえない"を評価基準とした場合，小走りをした際の駆け出しや急停止を行うような床においては，$C.S.R \cdot BF$ がおおよそ 0.5 以上あればこれらの動作時においても評価段階③を満たすことが読み取れる．また，一般床においてゆっくりとした動作しか行われない場合では，$C.S.R \cdot BF$ がおおよそ 0.4 以上あれば評価段階③を満たすことが読み取れる．以上より，表 3.3.2 の c. に示す推奨値を策定した．

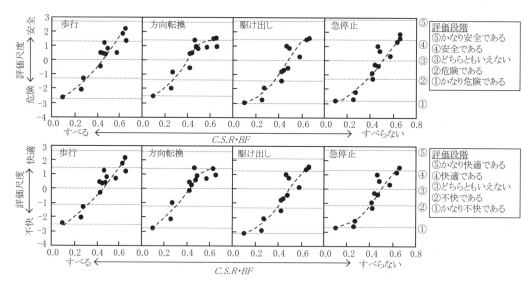

解説図 3.3.12　一般床における素足のすべりの評価指標[3]

参 考 文 献

1) 小野英哲，上野静二，横山　裕，大野隆造，三上貴正：安全性からみた浴室床および浴槽底のすべりの評価方法に関する研究　その1　すべり抵抗の測定方法の設定および浴槽断面寸法の設定，日本建築学会構造系論文報告集，第384号，pp.26-33，1988.2

2) 小野英哲，三上貴正，大野隆造，横山　裕，上野静二，高木　直：安全性からみた浴室床および浴槽底のすべりの評価方法に関する研究　その2　すべりの評価指標および評価方法の提示，日本建築学会構造系論文報告集，第387号，pp.1-7，1988.5

3) 小野英哲，落合　昇：素足での床のすべりの評価方法に関する研究，日本建築学会論文集，第537号，pp.21-26，2000.11

本節の評価方法が適用されている規格

1) JIS A 1509-12：2014（陶磁器質タイル試験方法−第12部：耐滑り性試験方法）

4節　階段のすべり

3.4.1　目的・意義

> 本節は，履物を着用して階段を昇降する場合のすべりについて，その評価方法および推奨値を示し，所定のすべりの確保に資することを目的とする．

　階段のすべりが適切でない場合には，すべって転倒するなどの不都合が生じ，大きな事故につながるおそれがあるので，適切なすべりを有する階段であることが望ましい．本節では，履物を着用して階段を昇降するときに感じられる，すべりの評価方法と推奨値を提示する．

3.4.2　適用範囲

> 建築物内外の階段において，履物を履いて昇降する際のすべりを評価する場合に適用する．対象とする床の材料，構法は，特に限定しない．

　本節は，履物を履いて使用する階段の踏面部分や段鼻部分において，階段昇降時に感じるすべりを評価する場合に適用する．

　本節では，どのような材料，構法の床にも共通に適用できる評価方法と推奨値を提示する．

3.4.3　評価の観点

> すべりの評価の観点は，安全性とする．

　階段は，一般的な床と異なり，個々の踏面の寸法が小さく床面が不連続であることが特徴である．また，階段を歩行する人は，踏面に足裏の全面を接触させるとは限らず，段の端部からはみ出した形で足裏と踏面が接触する場合もある．したがって，階段は，連続した一般的な床よりも足元が不安定であり，バランスを崩したり転倒したりする可能性が高い．以上のことから，階段のすべりの評価の観点は，安全性とする．

3.4.4 性能評価方法

3.4.4.1 性能値の測定方法

> すべり測定装置"O-Y・PSM"を用い，評価対象階段の踏面部分のすべり抵抗係数 C_1，段鼻水平部分のすべり抵抗係数 C_2，段鼻角部分のすべり抵抗係数 C_3 を測定し，階段のすべりの性能値 $C.S.R・S$（Coefficient of Slip Resistance・Stair）を算出する．

階段のすべりの評価においても3.2.4.1で示したすべり測定装置"O-Y・PSM"を使用する．**解説図3.4.1**にすべり測定装置"O-Y・PSM"の概要(例)を示す．階段のすべりは，踏面部分，段鼻水平部分，段鼻角部分のそれぞれのすべり抵抗値 C_1，C_2，C_3 から算出される $C.S.R・S$ で表示できる．

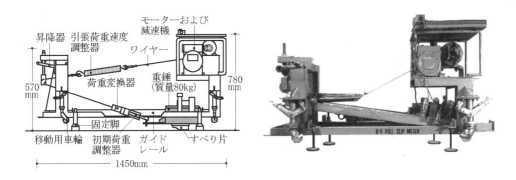

解説図3.4.1 すべり測定装置"O-Y・PSM"（例）

解説表3.4.1に，C_1，C_2，C_3 それぞれの測定要領を示す．また，**解説表3.4.1**に示した方法で測定される引張荷重・時間曲線の例を**解説図3.4.2**に示す．C_1，C_2，C_3 は，図に示す引張荷重の最大値 P_{max}（N）とすべり片に作用する鉛直荷重から，下式にしたがって算出される．

$C_1 : P_{max}$（踏面部分における引張最大荷重値）／784 ……………… 式 (3.4.1)

$C_2 : P_{max}$（段鼻水平部分における引張最大荷重値）／784 ………… 式 (3.4.2)

$C_3 : P_{max}$（段鼻角部分における引張最大荷重値）／588 …………… 式 (3.4.3)

ここで，すべり片に作用する鉛直荷重は，C_1，C_2 の場合784(N)，C_3 の場合588(N)である（**解説表3.4.1参照**）．

解説表 3.4.1　C_1, C_2, C_3 の測定概要

部分	すべり抵抗値	O－Y・PSM での測定条件	すべり片設置状況	概要
踏面部分	C_1	鉛直載荷荷重　：784N 引張荷重速度　：784N/s 初期引張荷重　：29N 引張角度　　　：18° 前置時間　　　：0s $C_1=(P_{max}(N))/(784(N))$	段鼻部分から8cm以上後退した部分にすべり片を設置する図	段鼻部分から8cm以上後退した部分にすべり片を設置する
段端水平部分	C_2	鉛直載荷荷重　：784N 引張荷重速度　：784N/s 初期引張荷重　：29N 引張角度　　　：18° 前置時間　　　：0s $C_2=(P_{max}(N))/(784(N))$	段鼻水平部分と踏面部分の材料が同一で，かつ段鼻水平部分に突起がない場合 段鼻水平部分と踏面部分の材料が同一で，かつ段鼻水平部分に突起がある場合 段鼻水平部分と踏面部分の材料が異なる場合	すべり片端部と段鼻先端を合わせて設置する 段鼻材，突起，ノンスリップテープなどの中心にすべり片の中心を合わせて設置する 段鼻材，突起，ノンスリップテープ以外の部分には潤滑面※を貼付する ※潤滑面：当該すべり片でのC.S.Rが0.04以下となる面
段端角部分	C_3	鉛直載荷荷重　：588N 引張荷重速度　：784N/s 初期引張荷重　：29N 引張角度　　　：18° 前置時間　　　：0s $C_3=(P_{max}(N))/(588(N))$	拡大：3mm、30°、基準面	段鼻角部分をすべり片の中心に合わせて基準面から3mm突出させて設置する 段鼻角以外の部分には潤滑面を貼付する

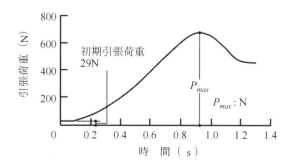

解説図3.4.2 引張荷重・時間曲線の例

次に，C_1，C_2，C_3から下式にしたがってC_4を算出する．

$$C_4=\frac{|C_1-(C_2+C_3)/2|}{\min\{C_1,\ (C_2+C_3)/2\}} \quad\cdots\cdots\cdots\cdots\cdots\cdots\cdots\cdots\cdots\cdots 式\ (3.4.4)$$

C_4は，踏面部分と段鼻部分のすべりの対比を表す．

階段のすべりを表示する$C.S.R \cdot S$は，C_1，C_2，C_3，C_4から下式にしたがって算出される．

$$C.S.R \cdot S=a \cdot C_1+b \cdot C_2+c \cdot C_3-d \cdot C_4 \quad\cdots\cdots\cdots\cdots\cdots\cdots\cdots\cdots 式\ (3.4.5)$$

ここで，a～dは，動作者の性，履物によって定まる係数である．a～dの値は，**解説図**3.4.4および**解説図**3.4.5に示すとおりである．ここに示されていない履物に関しては，類似した履物の係数を使用する．

なお，$C.S.R \cdot S$は，履物のほか，踏面，段鼻表面に介在するほこり，水，油などにより大きく変化する．したがって，測定の際には，すべり片と踏面，段鼻表面に散布する介在物を，適宜選定する必要がある．ちなみに，標準的なすべり片，表面介在物については，3.2.4.1の解説表3.2.1を参考とする．

3.4.4.2 評価方法

> 3.4.4.1で測定した階段のすべりの性能値$C.S.R \cdot S$を，すべりに対する評価と$C.S.R \cdot S$の関係を示した評価指標と照合し，評価対象階段のすべりを評価する．

評価指標とは，官能検査手法を適用して構成した階段のすべりの安全性に関する心理学的尺度(評価尺度)と，$C.S.R \cdot S$の関係を示したものである．

評価方法の例を**解説図**3.4.3に示す．図に示す評価段階は，縦軸の評価尺度を構成するための官能検査で用いた判断範ちゅうの，評価尺度上の位置を示すものである．図中，●は安全性，昇降のし

やすさ，エネルギー消費などの観点から，これまでの調査や研究で推奨されている階段寸法の範囲に入る安全階段（踏面29cm，蹴上げ17cm）の評価尺度と$C.S.R \cdot S$の関係を示し，▲は建築基準法施行令に定められた危険側許容寸法に近似した危険階段（踏面16 cm，蹴上げ24 cm）での両者の関係を示す．安全階段を軟底紳士靴を履いて昇降する場合，仮に，すべり測定装置"O-Y・PSM"で測定し，式 (3.4.5) で計算された$C.S.R \cdot S$ が0.8であるなら，解説図3.4.3より，階段のすべりは"⑥かなり安全である"と評価される．同様に，危険階段の場合は，$C.S.R \cdot S$ が0.8であるなら，階段のすべりは"④どちらともいえない"をやや下回る評価となる．なお，評価指標の詳細は，3.4.5の解説図3.4.4と解説図3.4.5に示す．

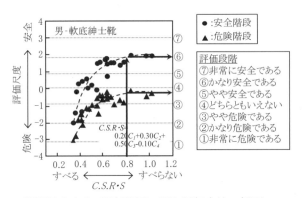

解説図3.4.3　評価指標の例と評価方法の概要

3.4.5　性能の推奨値

$C.S.R \cdot S$の推奨値を，表3.4.2に示す．

表3.4.2　$C.S.R \cdot S$の推奨値

床の種類	動作の種類	推奨値
階段	階段昇降	0.7以上

$C.S.R \cdot S$の測定条件（すべり片,介在物）：実際の使用時に想定される範囲内のすべての条件が該当

　解説図3.4.4に，階段のすべりの評価指標を示す．
　解説図3.4.5に，高齢者からみた階段のすべりの評価指標を示す．なお，解説図3.4.5は，縦軸が高齢者を対象とした官能検査結果から構成した心理学的尺度である．
　解説図3.4.4では，いずれの図でも$C.S.R \cdot S$が0.7以上であれば，階段のすべりの評価は安全階段，危険階段ともにほぼ一定となっており，すべりの観点からは0.7以上の$C.S.R \cdot S$を確保することが肝要であることが分かる．一方，解説図3.4.5では，0.4以上でほぼ一定となっている．これは，高齢

者の方が動作がゆっくりなことから、より小さな$C.S.R \cdot S$でもより安全と評価されたものと考えられる。以上より、安全性の観点からは、$C.S.R \cdot S$は0.7以上が望ましいといえる。

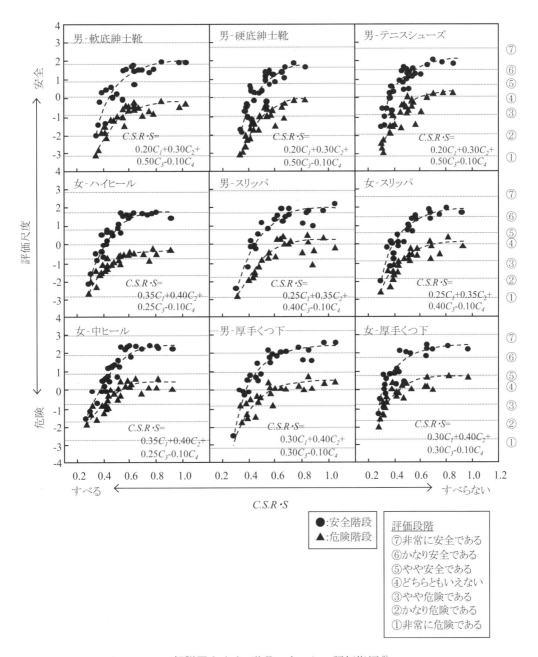

解説図 3.4.4　階段のすべりの評価指標[3]

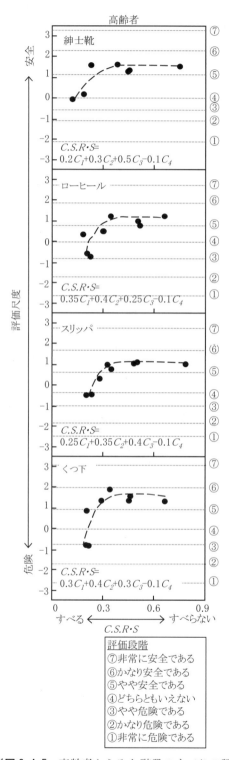

解説図 3.4.5 高齢者からみた階段のすべりの評価指標[4]

参 考 文 献

1) 小野英哲，須藤　拓，三上貴正：安全性からみた階段のすべりの評価方法に関する基礎的考察　安全性からみた階段のすべりの評価方法に関する研究(その1)，日本建築学会構造系論文報告集，第362号，pp.1-10，1986.4

2) 小野英哲，武田　清，永田久雄：階段各部分のすべり抵抗の測定方法　安全性からみた階段のすべりの評価方法に関する研究(その2)，日本建築学会構造系論文報告集，第373号，pp.19-26，1987.3

3) 小野英哲，武田　清，三上貴正，大野隆造：安全性からみた階段のすべりの評価方法の提示　安全性からみた階段のすべりの評価方法に関する研究(その3)，日本建築学会構造系論文報告集，第383号，pp.1-7，1988.1

4) 小野英哲，泉　譲太，高橋宏樹，磯田信賢，井戸川純子，植田　博：高齢者の安全性からみた階段のすべりの相対的評価方法　安全性からみた階段のすべりの評価方法に関する研究(その 4)，日本建築学会構造系論文集，第490号，pp.27-44，1996.12

5節　斜路のすべり

3.5.1　目的・意義

> 本節は，履物を着用して斜路を昇降する場合のすべりについて，その評価方法および推奨値を示し，所定のすべりの確保に資することを目的とする．

　斜路のすべりが適切でない場合には，すべって転倒したり，すべらなさすぎてつまずくなどの不都合が生じ，大きな事故につながるおそれがあるので，適切なすべりを有する斜路であることが望ましい．本節では，履物を着用して斜路を昇降するときに感じられる，すべりの評価方法と推奨値を提示する．

3.5.2　適用範囲

> 　建築物内外の坂道やスロープのうち，数歩以上の動作を行える傾斜角 30° 以下の比較的長い斜路（以降，長斜路と記す）のすべりを評価する場合に適用する．対象とする床の材料，構法は，特に限定しない．

　本節は，長斜路において昇降時に感じるすべりを評価する場合に適用する．
　斜路には，履物全体が接触する長さを持たない，段差解消材のような短い斜路（短斜路）も存在するが，本節ではより重要性が高いと考えられる長斜路を対象とする．適用できる長斜路の傾斜角は 30° 以下とする[1)～3)]．なお，短斜路のすべりの評価方法については，参考資料として本節末に記す．
　本節では，どのような材料，構法の床にも共通に適用できる評価方法と推奨値を提示する．

3.5.3　評価の観点

> 　すべりの評価の観点は，安全性とする．

　斜路では，斜路面と垂直な方向に作用する荷重は水平な床の場合より小さくなる一方，斜路面の下り勾配方向に作用する荷重はより大きくなる．また，昇降時に身体にかかる負荷が大きいため，動作時の姿勢が水平な床より不安定になりやすく，バランスを崩したり転倒したりする可能性が高い．以上のことから，斜路のすべりの評価の観点は，安全性とする．

3.5.4 性能評価方法

3.5.4.1 性能値の測定方法

> すべり測定装置"O-Y・PSM"を用い,評価対象斜路のすべりの性能値 $C.S.R \cdot L_i$ (Coefficient of Slip Resistance・Long inclined floor) を測定・算出する.

斜路のすべりの評価においても 3.2.4.1 で示したすべり測定装置"O-Y・PSM"を使用する.**解説図** 3.5.1 に,すべり測定装置"O-Y・PSM"の概要(例)を示す.

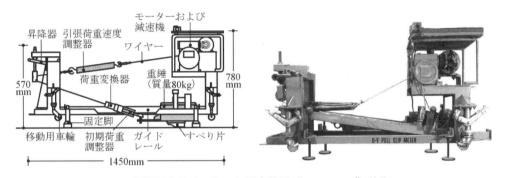

解説図 3.5.1 すべり測定装置"O-Y・PSM"(例)

解説図3.5.2に,本装置を用いて,斜路の床を水平に設置して測定した引張荷重・時間曲線の例を示す.斜路のすべりは,図に示す引張荷重の最大値P_{max} (N)をすべり片に作用する鉛直荷重(784N)で除した値と解説図3.5.3に示す斜路の傾斜角θを用いた下式で得られる$C.S.R \cdot L_i$ (Coefficient of Slip Resistance・Long inclined floor) で表示できる.

$$C.S.R \cdot L_i = P_{max}/784 - \sin\theta \quad \cdots\cdots\cdots\cdots\cdots\cdots\cdots\cdots\cdots\cdots\cdots\cdots\cdots\cdots 式(3.5.1)$$

式からわかるように,$P_{max}/784$が同じ場合でも傾斜角 θ が大きくなれば$C.S.R \cdot L_i$は低下する.

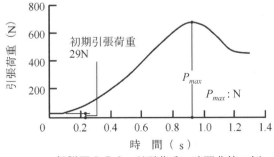

解説図 3.5.2 引張荷重・時間曲線の例

解説図 3.5.3　傾斜角 θ

$C.S.R \cdot L_i$ は，履物のほか，床表面に介在するほこり，水，油などにより大きく変化する．したがって，測定の際には，すべり片と床表面に散布する介在物を，適宜選定する必要がある[4]．ちなみに，標準的なすべり片，表面介在物については，3.2.4.1の**解説表**3.2.1を参考とする．

3.5.4.2　評 価 方 法

> 3.5.4.1で測定したすべりの性能値 $C.S.R \cdot L_i$ を，すべりに対する評価と $C.S.R \cdot L_i$ の関係を示した評価指標と照合し，評価対象斜路のすべりを評価する．

評価指標とは，官能検査手法を適用して構成したすべりの安全性に関する心理学的尺度（評価尺度）と，$C.S.R \cdot L_i$ の関係を示したものである．

評価方法の例を**解説図** 3.5.4 に示す．図に示す評価段階は，縦軸の評価尺度を構成するための官能検査で用いた判断範ちゅうの，評価尺度上の位置を示すものである．ある長斜路を紳士靴を履いて下る場合，すべり測定装置"O-Y・PSM"で測定し，**式**（3.5.1）で計算された $C.S.R \cdot L_i$ が 0.4 であるなら，**解説図** 3.5.4 より，長斜路のすべりは "⑥かなり安全である" と評価される．なお，評価指標の詳細は，3.5.5 の**解説図** 3.5.5〜3.5.7 に示す．

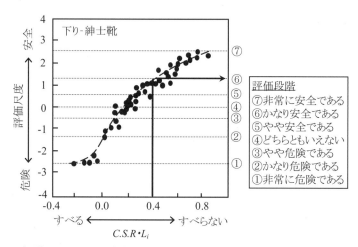

解説図 3.5.4　評価指標の例と評価方法の概要

3.5.5 性能の推奨値

$C.S.R \cdot L_i$ の推奨値を，**表**3.5.1に示す．

表 3.5.1 $C.S.R \cdot L_i$ の推奨値

床の種類	動作の種類	推奨値
斜路	斜路昇降	0.4 以上

$C.S.R \cdot L_i$ の測定条件（すべり片，介在物）：実際の使用時に想定される範囲内のすべての条件が該当

解説図 3.5.5～3.5.7に，長斜路のすべりの評価指標を示す．

水平な床の場合，原則として，安全性の観点からのすべりの推奨値の策定は，評価段階のうち中央の段階（**解説図** 3.5.5の場合④）に対応する性能値とする方針であるが，斜路の場合，すべりに起因する事故やけがの程度は水平な床よりも大きいことが想定されることから，斜路のすべりについては，中央の段階より二水準高い段階（**解説図** 3.5.5の場合⑥）に対応する性能値 0.4 以上を推奨値とした．例えば，傾斜を 7°（≒1/8）とすると $\sin\theta$ は 0.12 となり，$C.S.R \cdot L_i$ の値は 0.12 低減されるので，$P_{max}/784$ は 0.52 以上でなければ推奨値を満足しない．$P_{max}/784$ は水平な床での $C.S.R$ と同等の値であることから，水平な床に用いていた床材料をそのまま斜路に用いる場合には注意が必要である．

解説図 3.5.6 に高齢者を対象とした官能検査の結果から構成した尺度を用いた評価指標を示す．また，**解説図** 3.5.7 に斜路を横断（傾斜に対して直交方向に移動）したときを対象とした官能検査の結果から構成した尺度を用いた評価指標を示す．策定した推奨値 0.4 は，**解説図** 3.5.6, 3.5.7 に照合しても，いずれの評価段階の中央より上の評価段階に対応する値となっている．

―92―　床性能評価指針

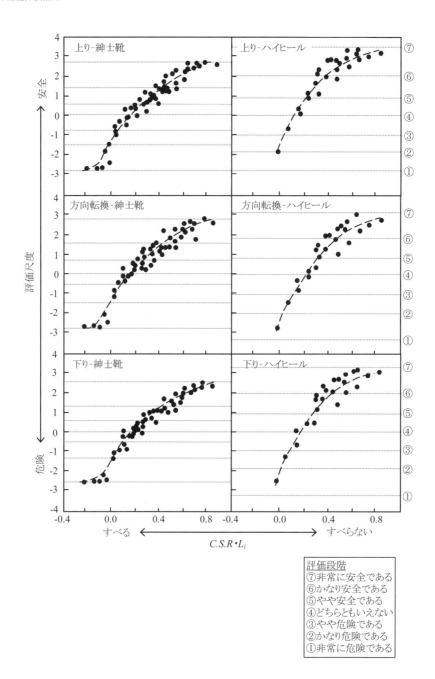

解説図3.5.5　長斜路のすべりの評価指標[1]

第3章 すべり —93—

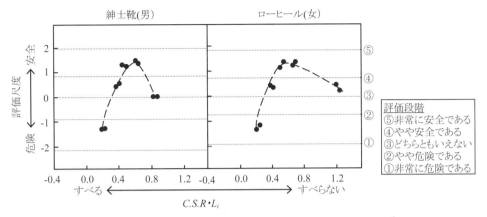

解説図3.5.6　高齢者からみた長斜路のすべりの評価指標[2]

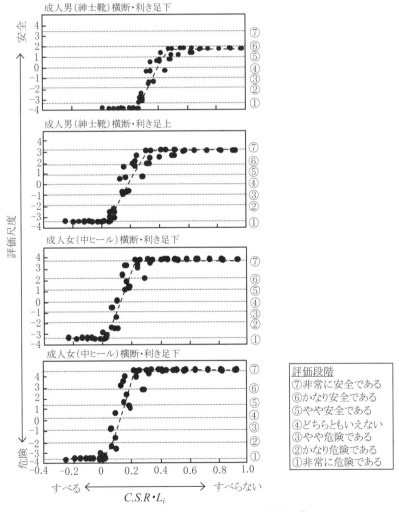

解説図3.5.7　長斜路の横断時のすべりの評価指標[3]

【参考資料】

（1）短斜路の評価方法

短斜路の評価を行う場合にはすべりの性能値 $C.S.R \cdot S_i$（Coefficient of Slip Resistance・Short inclined floor）を用いる．$C.S.R \cdot S_i$ の測定方法は，**参考図 3.5.8** に示すすべり片を用いる以外は長斜路の場合と同様である．$C.S.R \cdot S_i$ は，**解説図 3.5.2** に示す引張荷重の最大値 P_{max}（N）をすべり片に作用する鉛直荷重（784N）で除した値と**解説図 3.5.3** に示す斜路の傾斜角 θ を用いた下式で得られる．なお，斜路の傾斜角 θ の適用範囲は，45°以下である．

参考図3.5.9に，短斜路のすべりの評価指標を示す．図は，官能検査手法を適用して構成したすべりの安全性に関する心理的尺度と $C.S.R \cdot S_i$ の関係を示すものである．**参考図3.5.9**の評価指標に $C.S.R \cdot S_i$ を当てはめ，評価する．

$$C.S.R \cdot S_i = P_{max}／784 － \sin\theta \quad\quad\quad\quad 式\ (3.5.2)$$

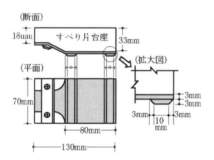

参考図3.5.8 短斜路のすべり片の例

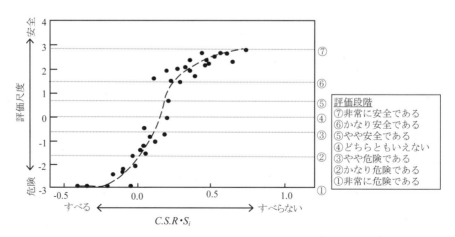

参考図3.5.9 短斜路のすべりの評価指標[1]

参 考 文 献

1) 小野英哲，北山　大，高橋宏樹：安全性からみた斜路のすべりの評価方法に関する研究，日本建築学会論文報告集，第448号，pp.11-18，1993.6

2) 小野英哲，高橋宏樹，泉　譲太，高橋成明：高齢者の安全性からみた床および斜路のすべりの評価方法の提示，日本建築学会構造系論文集，第484号，pp.21-29，1996.6

3) 小野英哲：横断時の斜路のすべりの考察および安全性からみた斜路のすべりの総括的評価方法の提示，日本建築学会論文報告集，第562号，pp.21-26，2002.12

4) 小野英哲，三上貴正，高木　直，横山　裕，北山　大，高橋宏樹：床のすべりの評価における床表面介在物の標準化に関する研究，日本建築学会構造系論文報告集，第450号，pp.7-14，1993.8

6節　自転車のすべり

3.6.1　目的・意義

> 本節は，自転車で床（路面などを含む）を走行する場合のすべりについて，その評価方法および推奨値を示し，所定のすべりの確保に資することを目的とする．

　床のすべりが適切でない場合には，すべって自転車の制御ができなくなるなどの不都合が生じ，大きな事故につながるおそれがあるので，適切なすべりを有する床であることが望ましい．本節では，自転車で床を走行するときに感じられるすべりの評価方法と推奨値を提示する．

3.6.2　適用範囲

> 建築物内外の床（舗装路，路面などを含む）のうち，自転車で走行する床において，自転車走行時のすべりを評価する場合に適用する．対象とする床の材料，構法は，特に限定しない．

　本節は，自転車で走行する水平な床において，自転車走行時にタイヤと床に生じるすべりを評価する場合に適用する．斜路は適用範囲外とする．また，下り坂をブレーキをかけずに走行した場合のように，極端に速い速度や特殊な乗り方での走行も適用範囲外とする．
　本節では，どのような材料，構法の床にも共通に適用できる評価方法と推奨値を提示する．

3.6.3　評価の観点

> すべりの評価の観点は，安全性とする．

　自転車で走行する場合，床がすべりやすいとバランスを崩して転倒する可能性が高いことから，すべりの評価の観点は，安全性とする．

3.6.4　性能評価方法

3.6.4.1　性能値の測定方法

> 自転車のすべり測定装置を用い，評価対象床のすべりの性能値 $C.S.R\text{-}BIKE$（Coefficient of Slip Resistance-BIKE）を測定・算出する．

　自転車のすべりを評価する際には，適正な評価が可能なことが証明されている自転車のすべり測定装置[1)～3)]を使用する．解説図3.6.1に自転車のすべり測定装置とすべり片の概要（例）を示す．

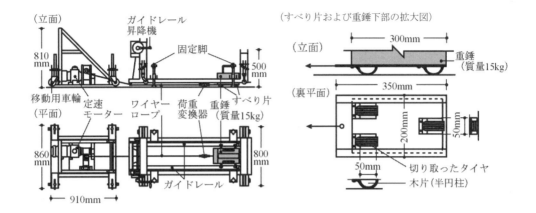

解説図 3.6.1 自転車のすべり測定装置（例）

本章1節に記したように，すべりは単なる摩擦とは異なるので，自転車のすべり測定装置においては，急ブレーキをかけた時の状況を置換した機構・仕様の測定装置となっている．本装置は，切り取ったタイヤを張り付けた3個のすべり片で支持された重錘と，定速モーター，荷重変換器などからなり，定速モーターでワイヤーを巻き取ることにより重錘を水平方向に引張ったときの荷重を，ワイヤーの間に取り付けた荷重変換器で測定するものである．重錘の質量は15kg，ワイヤーの巻取り速度は50mm／sである．すべり片には自転車のタイヤを切り取って張り付けたものを用いる．**解説図3.6.1にすべり片の例を示す．**

解説図 3.6.2 に，本装置で測定される引張荷重・時間曲線の例を示す．自転車のすべりは，下式で算出される *C.S.R-BIKE*（Coefficient of Slip Resistance-BIKE）で表示できる．*C.S.R-BIKE* はすべり片が動いている状態での引張荷重の平均的な値 P_{st} を図に示すように求め，この値を 147N で除した値である．

$$C.S.R\text{-}BIKE = P_{st} / 147 \quad \cdots \cdots \quad 式(3.6.1)$$

C.S.R-BIKE は，官能検査手法を用いて構成したすべりの心理学的尺度（自転車走行時にどの程度すべるか，すべらないかを表す尺度）とよく対応することが明らかにされている[1〜3]．

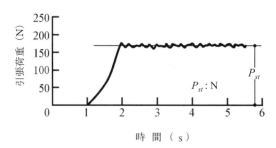

解説図 3.6.2 引張荷重・時間曲線の例

　C.S.R-BIKE は，床表面に介在するほこり，水，油などにより大きく変化する．したがって，測定の際には，すべり片と床表面に散布する介在物を，適宜選定する必要がある．ちなみに，表面介在物については，3.2.4.1の**解説表** 3.2.1 を参考とする．

3.6.4.2 評価方法

> 3.6.4.1 で測定したすべりの性能値 C.S.R-BIKE を，すべりに対する評価と C.S.R-BIKE の関係を示した評価指標と照合し，評価対象床のすべりを評価する．

　評価指標とは，官能検査手法を適用して構成したすべりの安全性に関する心理学的尺度（評価尺度）と，C.S.R-BIKE の関係を示したものである．

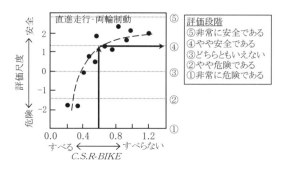

解説図 3.6.3 評価指標の例と評価方法の概要

　評価方法の例を**解説図** 3.6.3 に示す．図は，ある床を自転車で直進走行し，両輪制動した場合のすべりの評価指標である．図に示す評価段階は，縦軸の評価尺度を構成するための官能検査で用いた判断範ちゅうの，評価尺度上の位置を示すものである．自転車のすべり測定装置で測定し，**式**（3.6.1）で計算された C.S.R-BIKE が 0.6 であるなら，**解説図** 3.6.3 より，床のすべりは"④やや安全である"と評価される．なお，評価指標の詳細は，3.6.5 の**解説図** 3.6.4 に示す．

3.6.5 性能の推奨値

C.S.R-BIKE の推奨値を，表 3.6.1 に示す．

表 3.6.1　C.S.R-BIKE の推奨値

床の種類	動作の種類	推奨値
自転車のすべりに対する配慮が望まれる床	自転車での一般的な走行	0.6 以上

C.S.R-BIKE の測定条件（すべり片，介在物）：実際の使用時に想定される範囲内のすべての条件が該当

解説図 3.6.4 に，自転車のすべりの評価指標を示す．いずれの図でも対応曲線は右上がりの形状をしており，すべらないほど評価が高いことがわかる．評価段階"③どちらともいえない"を評価基準とした場合，C.S.R-BIKE がおおよそ 0.6 以上あれば評価段階③を満たすことが読み取れる．以上より，表 3.6.1 に示す推奨値を策定した．

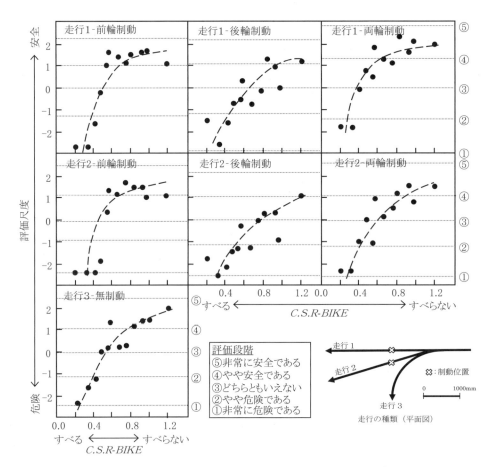

解説図 3.6.4 自転車のすべりの評価指標 [3]

参 考 文 献

1) 小野英哲，松本雄樹，後藤和昌，景山弘一：自転車制動時のすべりからみた床および舗装路の相対的評価方法に関する基礎的検討　自転車走行時のすべりからみた床および舗装路の相対的評価方法に関する研究(その1)，日本建築学会構造系論文集，第479号，pp.13-21，1996.1

2) 小野英哲，松本雄樹，後藤和昌，景山弘一：すべり試験機の設計・試作および評価方法の簡易化　自転車走行時のすべりからみた床および舗装路の相対的評価方法に関する研究(その2)，日本建築学会構造系論文集，第488号，pp.17-24，1996.10

3) 小野英哲，塚本和一，高橋宏樹，後藤和昌，杵島　健，高井智代：自転車走行時の安全性からみた床および舗装路のすべりの評価指標および評価方法の提示　自転車走行時のすべりからみた床および舗装路の相対的評価方法に関する研究(その3)，日本建築学会構造系論文集，第516号，pp.15-19，1999.2

7節　車椅子のすべり

3.7.1　目的・意義

> 本節は，車椅子で床および斜路を直進走行する場合のすべりについて，その評価方法および推奨値を示し，所定のすべりの確保に資することを目的とする．

　床および斜路のすべりが適切でない場合には，すべって車椅子の制御ができなくなるなどの不都合が生じ，大きな事故につながるおそれがあるので，適切なすべりを有する床および斜路であることが望ましい．本節では，車椅子で床および斜路を走行するときに感じられるすべりの評価方法と推奨値を提示する．

3.7.2　適用範囲

> 建築物内外の床および傾斜角 11°以下の斜路において，車椅子の直進走行時のすべりを評価する場合に適用する．対象とする床の材料，構法は，特に限定しない．

　本節は，車椅子で走行する床および斜路において，車椅子走行時にタイヤと床に生じるすべりを評価する場合に適用する．ただし，すべりがより大きく影響すると想定されるハンドリムを回しながら自力で走行する場合を対象とし，介助者が押して走行する場合は適用範囲外とする．適用できる斜路の傾斜角は 11°以下とする[1]．

　本節では，どのような材料，構法の床にも共通に適用できる評価方法と推奨値を提示する．

3.7.3　評価の観点

> すべりの評価の観点は，安全性とする．

　車椅子で走行する場合，すべると制御できなくなる可能性があることから，すべりの評価の観点は安全性とする．

3.7.4 性能評価方法

3.7.4.1 性能値の測定方法

> 自転車のすべり測定装置を用い，評価対象床のすべりの性能値 C.S.R-BIKE（Coefficient of Slip Resistance-BIKE）を測定し，C.S.R-BIKE－7sinθ を算出する．ここで，θ は評価対象床の傾斜角である．

車椅子のすべりを評価する際には，3.6.4.1 で示した自転車のすべり測定装置[1]を使用する．また，すべり片には，車椅子の駆動輪のタイヤを切り取って張り付けたものを用いる．**解説図 3.7.1** に自転車のすべり測定装置とすべり片の概要(例)を示す．

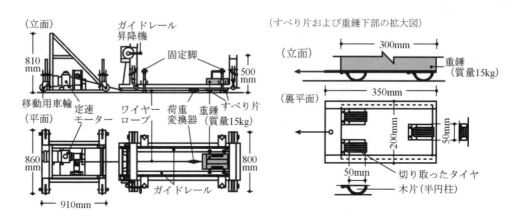

解説図 3.7.1　自転車のすべり測定装置とすべり片（例）

解説図 3.7.2 に，本装置で測定される引張荷重・時間曲線の例を示す．車椅子のすべりを評価するためには，まず，下式にしたがって C.S.R-BIKE（Coefficient of Slip Resistance-BIKE）を算出する．

C.S.R-BIKE は，すべり片が動いている状態での引張荷重の平均的な値 P_{st} を図に示すように求め，この値をすべり片に作用する鉛直荷重（147N）で除した値である．

$$C.S.R\text{-}BIKE = P_{st}/147 \quad \text{式 (3.7.1)}$$

第3章 すべり

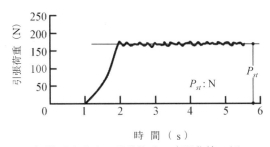

解説図 3.7.2 引張荷重・時間曲線の例

次に，解説図 3.7.3 に示す評価対象床の傾斜角 θ を用いた下式で性能値を算出する．

$$C.S.R\text{-}BIKE - 7\sin\theta \qquad \text{式 (3.7.2)}$$

式からわかるように，$C.S.R\text{-}BIKE$ が同じで場合でも傾斜角 θ が大きくなれば $C.S.R\text{-}BIKE - 7\sin\theta$ は低下する．

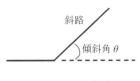

解説図 3.7.3 傾斜角 θ

$C.S.R\text{-}BIKE - 7\sin\theta$ は，官能検査手法を用いて構成したすべりの心理学的尺度（車椅子走行時にどの程度すべるか，すべらないかを表す尺度）とよく対応することが明らかにされている[1]．

$C.S.R\text{-}BIKE$ は，床表面に介在するほこり，水，油などにより大きく変化する．したがって，測定の際には，すべり片と床表面に散布する介在物を，適宜選定する必要がある．ちなみに，表面介在物については，3.2.4.1 の解説表 3.2.1 を参考とする．

3.7.4.2 評価方法

> 3.7.4.1 で算出したすべりの性能値 $C.S.R\text{-}BIKE - 7\sin\theta$ を，すべりに対する評価と性能値の関係を示した評価指標と照合し，評価対象床のすべりを評価する．

評価指標とは，官能検査手法を適用して構成したすべりの安全性に関する心理学的尺度（評価尺度）と $C.S.R\text{-}BIKE - 7\sin\theta$ の関係を示したものである．

評価方法の例を**解説図 3.7.4** に示す．図に示す評価段階は，縦軸の評価尺度を構成するための官能検査で用いた判断範ちゅうの，評価尺度上の位置を示すものである．自転車のすべり測定装置で

測定し，式（3.7.2）で計算された $C.S.R\text{-}BIKE-7\sin\theta$ が仮に 0.2 であるなら，解説図 3.7.4 より，床もしくは斜路のすべりは"④どちらともいえない"と評価される．なお，評価指標の詳細は，3.7.5 の解説図 3.7.5 に示す．

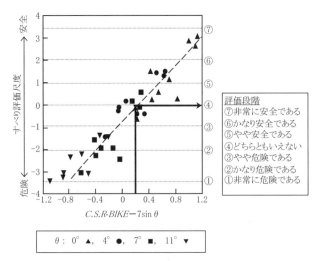

解説図 3.7.4　評価指標の例と評価方法の概要

3.7.5　性能の推奨値

$C.S.R\text{-}BIKE-7\sin\theta$ の推奨値を，表 3.7.1 に示す．

表 3.7.1　$C.S.R\text{-}BIKE-7\sin\theta$ の推奨値

床の種類	動作の種類	推奨値	備考
車椅子のすべりに対する配慮が望まれる床，斜路	車椅子での走行	0.2 以上	介助者が押して走行する場合は適用範囲外とする

$C.S.R\text{-}BIKE-7\sin\theta$ の測定条件（すべり片，介在物）：実際の使用時に想定される範囲内のすべての条件が該当

解説図 3.7.5 に，車椅子のすべりの評価指標を示す．図から，すべり評価尺度と $C.S.R\text{-}BIKE-7\sin\theta$ の関係は，右上がりの対応を示しており，すべらないほど評価が高いことがわかる．表 3.7.1 の推奨値は，この評価指標を基礎資料として評価段階"④どちらともいえない"より高い評価段階に対応する $C.S.R\text{-}BIKE-7\sin\theta$ の範囲として策定した．

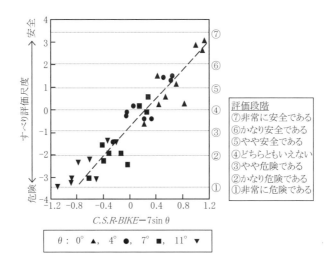

解説図 3.7.5 車椅子のすべりの評価指標[1]

参 考 文 献

1) 小野英哲, 井戸川純子, 高橋宏樹：車椅子の直進走行性からみた床, 舗装路, 斜路のすべりの相対的評価方法に関する研究, 日本建築学会構造系論文集, 第 528 号, pp.33-38, 2000.2

床性能評価指針

2015年11月20日　第1版第1刷

編集著作人　一般社団法人　日本建築学会
印　刷　所　三　美　印　刷　株式会社
発　行　所　一般社団法人　日本建築学会
　　　　　　108-8414　東京都港区芝5-26-20
　　　　　　電話 (03) 3 4 5 6 - 2 0 5 1
　　　　　　FAX (03) 3 4 5 6 - 2 0 5 8
　　　　　　http://www.aij.or.jp/

発　売　所　丸善出版株式会社
　　　　　　101-0051　東京都千代田区神田神保町2-17
　　　　　　神田神保町ビル
　　　　　　電話 (03) 3 5 1 2 - 3 2 5 6

Ⓒ日本建築学会 2015

ISBN 978-4-8189-1074-4 C 3052